U0005164

So
Easy !

make things

simple and enjoyable

生活技能 083

開始在希臘
自助旅行

作者◎林少凡
修訂協力◎艾米莉（Emily）

「遊希臘鐵則」

☑ **行程勿排太緊湊，要留有彈性！**

理由：希臘算是旅遊較為安全的國家，遊玩時可以盡量放鬆心情，但是因為希臘許多制度並不健全(如交通)，因此有時會有意料不到的狀況發生，如停駛、誤點，甚至罷工，因此無論是出發前或旅遊期間，對下一個行程務必確認再確認。行程勿排太緊，尤其是剛抵達或離開希臘前，一定要預留彈性時間，以備突發狀況。

☑ **旅館服務人員是你旅行的好幫手！**

理由：旅遊途中常會遇到許多疑問或狀況，可充分利用旅館服務人員，請他們協助詢問所需要的資訊；外出時也要帶著旅館的名片(要有地址及電話)，若有事情可以打電話回旅館請求幫忙，這樣會減少許多麻煩。

☑ **千萬別高舉五指打招呼！**

理由：這個動作希臘稱moutza或faske-loma，就像我們比中指一樣不禮貌，是他們表達不滿或憤怒的手勢，也是詛咒他人的動作。在人生地不熟的希臘，為免誤解或製造麻煩，最好避免用此方式打招呼，可改以口語的方式或比「讚」的手勢。

☑ **肢體碰觸不一定是騷擾？**

理由：許多希臘人為表達友善，在交談時有時會用手搭肩或碰碰身體，但這是希臘人的習慣，他們交談時的身體距離較我們或美國人來得近；因此，肢體接觸，不一定是騷擾。但是，若整體氛圍不對，也感覺對方來意不善，則不要客氣，必須嚴肅向對方指正。

☑ **一定要上雅典衛城！**

理由：就算待在雅典的行程只有短短的半天，一定要安排時間上衛城，因為沒去過衛城等於是沒來過雅典！衛城是雅典的地標，更具有歷史意義，當然要親自感受一下。但要注意開放的時間，詳細介紹見玩樂篇。

☑ **聖像背後禁忌多！**

理由：參觀教堂時，切勿走到聖像畫／座後頭，或試圖看聖像／座後面是什麼東西，這是大不敬的動作。通常只有教堂教士才能走到聖像後頭。總而言之，在教堂內，一定要懷著尊敬的態度，不大聲喧嘩，並保持應有禮貌。

☑ **觀光區要小心扒手！**

理由：雖然希臘的治安情況比許多歐洲大城好得多，然而扒手仍相當橫行(通常是來自北非、中東及阿爾巴尼亞的非法移民)。尤其東方臉孔常常成為被鎖定的對象，因此在人潮擁擠的觀光地區或大眾運輸內，一定要保護好自身財物，並對可疑人士保持戒心，但不用太過提心吊膽。

☑ **如非必要，不搭計程車！！**

理由：希臘的計程車是有名的難搭，尤其在雅典。這裡的計程車司機不但有沿途接客的習慣(與他人共乘但不均分費用)，而且有部分司機會利用各種名目收取過高的費用，尤其是對外國人。因此非必要不要搭計程車，若真的需要搭乘，則一定要先問好大概的價錢(跳表價)，上車後確認跳表正常，最後再付款。

☑沒喝過希臘特色咖啡與酒，等於白來一趟！

理由：咖啡方面，一定要嘗嘗未過濾的希臘咖啡(Greek Coffee)、冰咖啡(Frappe)，以及冰卡布奇諾(Cappuccino Freddo)；酒部分，一定要試試茴香酒(Ouzo)以及希臘啤酒。當然，好不好喝是見人見智，重點是要好好體驗一番希臘飲品的樂趣。

☑夏天不撐傘！

理由：許多希臘人或歐洲人，喜歡在炎炎夏日待在沙灘把自己曬成古銅膚色，且愛美人士還會比較誰曬得黑、比較均勻，因此，在夏日街頭當然也不避諱曬太陽。若路上看到撐傘走路，或全身包覆緊緊的，那一定是東方人，相當突兀。既然來到陽光地中海，就入境隨俗解放自己，好好享受陽光吧！

☑防曬要做足！

理由：其實不要說夏天，就連我在4月初的春天前往希臘，都發生被曬傷的窘境，還連夜跑到藥局去買蘆薈敷臉敷身體，真是始料未及。希臘的太陽，幾乎沒有雲朵遮住，蔚藍澄澈的天空非常美麗，但也代表太陽是赤裸裸地直接照射在這片土地上，風吹來也許是冰冰涼涼的，但太陽曬久了還真的會曬傷，所以在享受地中海明媚陽光的同時，別忘了擦上防曬油喔！

☑戴墨鏡不只是要帥裝美！

理由：希臘日照充足，因此常常是無雲的蔚藍天，陽光相當耀眼。來希臘旅遊一定要記得帶一副墨鏡，這不只是要帥裝美，而是保護眼睛避免過度的豔陽刺激而產生不適。

編輯室提醒

出發前，請利用書上提供的Data再一次確認

每一個城市都是有生命的，會隨著時間不斷成長，「改變」於是成為不可避免的常態，雖然本書的作者與編輯已經盡力，讓書中呈現最新最完整的資訊，但是，我們仍要提醒本書的讀者，必要的時候，請多利用書中的電話，再次確認相關訊息。

資訊不代表對服務品質的背書

本書作者所提供的飯店、餐廳、商店等等資訊，是作者個人經歷或採訪獲得的資訊，本書作者盡力介紹有特色與價值的旅遊資訊，但是過去有讀者因為店家或機構服務態度不佳，而產生對作者的誤解。敝社申明，「服務」是一種「人為」，作者無法為所有服務生或任何機構的職員背書他們的品行，甚或是費用與服務內容也會隨時間調動，所以，因時因地因人，可能會與作者的體會不同，這也是旅行的特質。

新版與舊版

太雅旅遊書中銷售穩定的書籍，會不斷再版，並利用再版時做修訂工作。通常修訂時，還會新增餐廳、店家，重新製作專題，所以舊版的經典之作，可能會縮小版面，或是僅以情報簡短附錄。不論我們作何改變，一定考量讀者的利益。

票價震盪現象

越受歡迎的觀光城市，參觀門票和交通票券的價格，越容易調漲，但是調幅不大(例如倫敦)，若出現跟書中的價格有微小差距，請以平常心接受。

謝謝眾多讀者的來信

過去太雅旅遊書，透過非常多讀者的來信，得知更多的資訊，甚至幫忙修訂，非常感謝你們幫忙的熱心與愛好旅遊的熱情。歡迎讀者將你所知道的變動後訊息，善用我們提供的「線上回函」或是直接寫信來taiya@morningstar.com.tw，讓華文旅遊者在世界成為彼此的幫助。

太雅旅行作家俱樂部

☑一定要問清楚有沒有罷工！

理由：罷工與示威遊行是希臘人的生活方式，但對遊客而言則是倒楣事一樁，因為若遇到交通罷工，會嚴重影響遊客行程，不可不注意。

旅遊希臘你最想知道的問題⋯⋯⋯行前 Q&A

希臘經濟狀況不好，還可以去旅遊嗎？

A：希臘近年來的確在經濟上面臨困難，不過對觀光旅遊沒有太大的影響；國際觀光客受惠於歐元幣值下跌，每年旺季期間仍有大批的遊客前來希臘觀光旅遊（尤其近年來亞洲整體經濟表現較佳，亞洲觀光客人數大增），最重要的是希臘的好天氣、千年古蹟及自然美景是不會受經濟起伏影響的！

單獨至希臘旅遊安全嗎？

A：希臘是個人旅遊相當安全的國家，不僅人民和善，而且很容易與他們打成一片，因此毋須過度擔心獨自在希臘旅行的安全。不過，如同在其他國家旅遊一樣，必須時時留心自己的隨身物品及避免意外發生，本書的應變篇有許多實用的教戰守則。

電視上雅典的示威抗議似乎很可怕，這樣還可以去玩嗎？

A：基本上雅典的示威抗議活動多集中在某些特定區域（詳見應變篇），其他的大部分區域皆相當平和安全，因此只要避免在示威抗議期間進入特定地點，不會有什麼危險的事情發生。

希臘人好像很常罷工，旅遊期間遇到罷工怎麼辦？

A：不論是交通工具罷工或是公私部門罷工，皆是歐洲常見的現象，並非旅行希臘才會遇到的狀況。基本上罷工或抗議活動都會至少提前1天以上公告，無預警的罷工情形相當少見，因此住宿飯店一定可以知道隔天或接下來幾天有無罷工活動，及何種交通工具罷工等資訊。所以只要秉持著「多開口問」的精神，就可以掌握罷工及抗議活動的訊息。其實只要有應變的準備，就不用怕遇到罷工了！相關問題請見應變篇。

我喜歡血拼，希臘何時有打折促銷活動？

A：每年皆有2次的打折季，分別在1月及7月，喜歡購物的遊客可趁打折期間購物，相當經濟實惠，詳見購物篇。

希臘若退出歐盟，還可以去玩嗎？

A：希臘雖不會退出歐盟，但退出歐元區仍是有可能的；若退出歐元區，幣值雖然會有一陣轉換期，不過一般評估對旅遊觀光客影響不大，且換回舊幣值Drachma也不一定是壞事，因為物價或許會比使用歐元更便宜。

So Easy 083

開始在希臘自助旅行（新第四版）

作　　　者	林少凡	
修 訂 協 力	艾米莉（Emily）	

總 編 輯	張芳玲
編輯部主任	張焙宜
發 想 企 劃	taiya旅遊研究室
企 劃 編 輯	張敏慧
主 責 編 輯	徐湘琪
修 訂 主 編	黃琦
封 面 設 計	何仙玲
美 術 設 計	何仙玲‧蔣文欣
地 圖 繪 製	蔣文欣‧余淑真

編輯室：本書內容為作者實地採訪資料，書本發行後，開放時間、服務內容、票價費用、商店餐廳營業狀況等，均有變動的可能，建議讀者多利用書中網址查詢最新的資訊，也歡迎實地旅行或居住的讀者，不吝提供最新資訊，以幫助我們下一次的增修。聯絡信箱：taiya@morningstar.com.tw

太雅出版社
TEL：(02)2882-0755　FAX：(02)2882-1500
E-MAIL：taiya@morningstar.com.tw
郵政信箱：台北市郵政53-1291號信箱
太雅網址：http://taiya.morningstar.com.tw
購書網址：http://www.morningstar.com.tw
讀者專線：(04)2359-5819 分機230

出 版 者　太雅出版有限公司
　　　　　台北市111劍潭路13號2樓
　　　　　行政院新聞局版台業字第五○○四號
總 經 銷　知己圖書股份有限公司
　　　　　106台北市辛亥路一段30號9樓
　　　　　TEL (02)2367-2044 2367-2047 FAX (02)2363-5741
　　　　　407台中市西屯區工業30路1號
　　　　　TEL (04)2359-5819 FAX (04)2359-5493
　　　　　E-mail service@morningstar.com.tw
　　　　　網路書店 http://www.morningstar.com.tw
　　　　　郵政劃撥 15060393（知己圖書股份有限公司）
法律顧問　陳思成律師
印　　刷　上好印刷股份有限公司　TEL：(04)2315-0280
裝　　訂　大和精緻製訂股份有限公司 TEL (04)2311-0221
四　　版　西元2020年2月1日
定　　價　320元
（本書如有破損或缺頁，退換書請寄至
台中市西屯區工業30路1號　太雅出版倉儲部收）
ISBN　978-986-336-362-0
Published by TAIYA Publishing Co.,Ltd.
Printed in Taiwan

國家圖書館出版品預行編目(CIP)資料

開始在希臘自助旅行 / 林少凡作. -- 四版.
-- 臺北市：太雅, 2020.01
　面；　公分. -- (So easy；83)
ISBN 978-986-336-362-0(平裝)
1.自助旅行 2.希臘
749.59　　　　　　　　108018119

作者序

本書獻給我最愛的老婆及三個寶貝兒子J.T.、J.R.、J.Y.

希臘近年來變化相當大，從歐債危機到希臘退出歐元區的疑慮，歐盟裡裡外外吵得沸沸揚揚。的確，在總體經濟環境影響及希臘本身財政體質不良交互作用下，希臘人民的生活確實越來越辛苦。然而，在紛擾之中，雅典衛城依舊聳立，聖多里尼小島的夕陽仍舊浪漫，德爾菲神殿依然是古世界文明的中心──這些祖先遺留下來的資產，不論環境如何變化，一直是希臘人民心理上及經濟上的重要支柱。

所以希臘人可以如此樂觀、如此友善、如此熱情；所以愛琴海島遊客依舊如織，各地古蹟及博物館川流不息，希臘生活越夜越精采！

感謝太雅出版社提出由本人撰寫本書的構想，讓熱愛旅行的我有此難得機會可以為自助旅遊貢獻己力。撰寫過程中，最困難的莫過於正確旅遊資訊的收集，因為希臘雖然旅遊業興盛，然而資訊化不足，資料分布零散，且許多資料為希臘文，故編撰工作費時且費力，加上罷工因素，導致有許多國人對來希臘旅遊(尤其是自助旅遊)望之卻步，因此本書將會協助大家掌握各項希臘旅遊資訊，讓行程更加順暢、安全。

在多位友人的從旁協助下，如Akila、Christos、John、Seb、Spyros及Andrew等，方得以順利收集相關資料。同時也要感謝太雅出版社專業工作團隊的細心指導！當然，最大功臣非家中女王莫屬，沒有她的全力支持與多次深夜耐心校稿，單憑我個人的力量根本無法在期限內完稿。

希臘的美不在於硬體，她沒有華麗的街景市容，沒有現代化的摩天大樓建築，但她的親切，她的人文歷史及她的美麗自然景致，是極為獨特的。希臘絕對是個值得旅遊的國度，沒到訪過的朋友，此生一定要來希臘旅遊一次，親自體驗這裡的美；來過的朋友則一定要再來，相信你會再次流連忘返的。

最後，若本書內容有任何資訊錯誤或文字誤植，文責當然自負，並請來信指正，以利未來修訂。

林少凡

末祝　開心出門、平安回家

關於作者　　林少凡

旅居希臘數年，熱愛希臘的陽光、自然美景及悠閒的生活方式。在雅典念過幾年書，也為了作研究踏遍雅典市區及近郊的大街小巷。閒暇之餘喜歡帶著老婆與稚子在希臘境內四處遊歷，除了希臘著名的旅遊地點外，一般觀光客不會造訪的偏遠地區也成為旅遊目的地，算一算足跡已遍及希臘全境50幾個大小城鎮。目前擔任希臘智庫資深研究員。

修訂作者序

　　說起希臘這座藍與白的國度，照片拍得再美，都遠不及親眼所見的感動。走在米克諾斯島上悠閒漫步，遇見鎮島之寶粉紅鵜鶘；住進聖多里尼懸崖上的藍白洞穴屋，欣賞世界最美的伊亞夕陽美景；坐在愛琴海邊大啖海鮮；頂著豔陽朝聖衛城、宙斯神殿、雅典競技場，讓希臘神話豐富旅程話題。走一趟希臘，相信你也會跟我一樣，為它著迷！

關於修訂作者　　艾米莉(Emily)

　　世新大學新聞系，美國南加大(USC)傳播管理學系研究所畢業。曾任職於台灣東森電視台、美國南加州最大亞洲電視台「KSCI LA18」新聞記者、主播和旅遊節目主持人10多年，擅長以細膩豐富，又具客觀事實的筆觸撰寫旅遊經驗。喜好旅遊，樂於體驗世界各國不同的文化、生活與美食，至今旅遊已超過80多個國家和城市。

　　覺得生活處處充滿驚喜與挑戰，篤信人生就該浪費在美好的事物上，專長是在枯燥生活中找到隨意小樂趣，再用文字與照片記錄下被感動的點點和滴滴，著有《個人旅行：洛杉磯》。精通中、英、日、法四國語言，現職為翻譯與隨行口譯。

推 薦 序　　前駐希臘台北代表處代表 **陳華玉**

　　希臘蔚藍的天空、湛藍的海水、島嶼上藍色的小教堂，燦爛的陽光、金色的沙灘，造就了度假勝地的美名。處處可見的神殿遺跡，見證了人類數千年的歷史與文明，不但令人發思古之幽情，更讓喜愛文學、藝術、歷史與建築者流連忘返。文化遺跡加上愛琴海浪漫風情，吸引每年數以百萬計觀光客前來希臘造訪，其中當然包括來自台灣的旅客。

　　出外旅遊，我們常講要「快快樂樂地出門，平平安安地回家」，本書可以說是一本實用導向的旅遊工具書，提供從行前準備到交通、食、宿、購物、通訊以及玩樂等貼近國人需求的旅遊資訊。各個章節內容詳細，除了許多活潑生動的圖片之外，作者更細心地把購買車船票、搭乘交通工具等等的步驟作了流程圖，讀者只要按圖索驥，便可暢行無阻。此外，作者更設身處地關懷讀者的「旅遊安全」，替讀者設想到可能的突發狀況並給予適當建議，讓讀者「一本書在手，安全跟著走」，處處可見作者的用心，讓國人到希臘來旅遊可以玩得開心、玩得安心、玩得放心。

　　當然，讀者在希臘旅遊的期間如果遭遇任何急難，駐希臘台北代表處當竭盡所能提供必要協助。殷盼所有來希臘旅遊的國人都能滿載美好愉快的旅遊經驗，盡興而歸。

希臘城市風情

印象花絮

超慵懶的貓咪

希臘到處都是貓咪，洋溢著懶散悠閒的幸福。

伊索寓言的小毛驢

驢子是希臘小島（尤其是聖多里尼）的象徵之一，原本被人們用來協助搬運重物，但隨著時代進步，這些小毛驢現在成為希臘人的生財工具，常常負很多重物，或載許多觀光客，非常辛苦。

希臘的婆婆媽媽

一群婆婆媽媽在準備希臘菜肴。

與門把握手

羅德島上中世紀城堡的門把，相當有特色。

豔陽下的女孩

坐在傳統藍白建築階梯上，享受小島陽光的希臘美女。

串烤全羊

科孚島的全羊串，準備拿去製作烤全羊。

哪來的超大濃霧？

夏季的希臘天氣乾燥，因此有時候會發生森林大火，此時天空便會籠罩在一大片濃霧之中。

嬰兒受洗禮

由於希臘人絕大部分是信奉東正教，因此幾乎每個希臘嬰兒都要受「洗禮」；受洗儀式是正式的宗教儀式，對受洗嬰兒有重大意義，除了嬰兒會有教父或教母外，嬰兒的姓名在洗禮後才算正式確定。

全民愛足球

足球算是希臘人的國民運動，小朋友大多從小就踢足球，而老人們呢，則整天坐在傳統小酒館內看電視螢幕播足球賽，可見足球運動對在希臘人的休閒生活占了重要比例。

智慧之樹

相傳希臘神話中的女神雅典娜植下第一株橄欖樹，被稱為智慧之樹，是希臘最重要的農產品之一。拜當地得天獨厚的地中海型氣候，希臘有上百種橄欖樹，每年產量豐富，製成的橄欖相關產品在全球名列前茅。

希臘人的停車創意

希臘處處是停車位，如果路邊沒停車位，沒關係，還有人行道可以停，因此出現了許多創意停車法，相當特殊有趣，只是苦了使用人行道的市井小民了。

孩子的天堂

希臘人極為喜愛小孩，對於小朋友的行為大多採自由放任的態度，對於有嬰兒或小朋友的家庭也會有禮遇，在學校的小朋友也特別開心，因此希臘被視為是小孩子成長的天堂。

目錄 CONTENTS

04 遊希臘鐵則
05 太雅編輯室
06 旅遊希臘你最想知道的問題……行前Q&A
08 作者序
09 修訂作者序、推薦序
16 如何使用本書

18

認識希臘
希臘，是個什麼樣的國度？

20 希臘小檔案
27 希臘常用手語教學

28

行前準備
出發前，要預做哪些準備？

30 證件準備   36 機票與航空公司
33 蒐集旅遊資訊   37 匯兌與信用卡
34 旅遊行程規畫   39 行李打包

42

機場港口篇
了解希臘的國際機場與港口

44 如何前往希臘
46 認識雅典國際機場
51 如何從機場往返市區
56 認識希臘港口
59 如何轉往其他國家

60

住宿篇
在希臘旅行，有哪些住宿選擇？

62 特色住宿
64 住宿種類
69 如何選擇合適旅館
70 住宿注意事項

72

交通篇
希臘內外走透透，
該用什麼交通工具？

74 希臘境內交通工具
82 雅典市區交通工具

地圖索引

20   希臘全境圖
58   派瑞斯港地圖
89   大雅典地區捷運與火
     車路線圖
140 雅典市中心地圖

100

飲食篇
在希臘，吃什麼道地美食？

102 希臘必嘗美食
110 希臘用餐須知
112 餐廳種類
115 推薦餐廳
119 希臘超市及傳統市場

122

玩樂篇
希臘，哪裡最好玩？

124 希臘本島景點推薦
128 希臘五大熱門小島
137 雅典市中心著名區域簡介
141 雅典著名景點推薦
153 雅典近郊小旅行
156 其他主題玩樂
158 行程規畫建議

160

購物篇
在希臘，買什麼紀念品？

162 希臘紀念品商店種類
164 特色商品
166 如何退稅

168

通訊篇
在希臘打電話、上網、寄信

170 打電話
173 上網
173 郵寄

176

應變篇
在希臘，發生緊急狀況怎麼辦？

178 旅行希臘安全叮嚀
180 在希臘可以向誰求助
181 生病受傷怎麼辦？
182 重要物品遺失怎麼辦？
183 如何因應罷工及示威抗議
184 其他緊急事件
186 救命小紙條

How to use
如何使用本書‧‧‧‧‧‧‧‧‧‧‧‧‧‧‧‧‧‧‧‧‧‧‧‧‧‧‧‧‧‧‧‧‧

這本《開始在希臘自助旅行》是針對旅行希臘而設計的實用旅遊GUIDE。內容包括：初步了解希臘、行前的各種準備功課、提醒你需申辦的證件、機場出入境步驟、當地交通移動方式、住宿介紹、如何規畫玩樂路線、觀光景點推薦、飲食推薦、購物街道推薦、如何緊急求助等等。所有你在希臘旅行可能遇到的困惑或問題，全都預先設想周到，並給予適當的指示和解答。讓你旅行到希臘，更能放寬心、自由自在地享受美好旅程。

全書分成10大單元

【認識希臘】從地理、氣候、人口、語言、航程、時差、貨幣等入門介紹，讓你快速了解希臘。

【行前準備】行前蒐集資料的管道、申辦的證件，如何做好旅遊規畫，掌握淡旺季，依預算選擇旅遊方式，訂機票，搞定匯兌旅費及行李打包事宜，本篇皆有說明。

【機場港口篇】希臘有眾多機場與出入境港口，本篇介紹最常用的雅典國際機場，與希臘的四大港口，及機場港口相關設施。更重要的是，如何使用各種交通工具前往市區？並找到最方便適合自己的接駁方式？這些問題，本篇皆有介紹。

【住　　宿　篇】來希臘旅行就是要有個難忘的浪漫之旅，這裡多元的住宿選擇，充滿得天獨厚的特殊風格，一定要好好體驗！如何找到喜歡的住宿種類、符合預算，還要有好View？本篇教你挑選合適住宿、訂房，並認識住客權益及各項提醒，讓你輕鬆搞定住房，不吃悶虧。

【交　　通　篇】如何透過各種交通工具暢行境內、在小島間移動，是自助旅行重要的一門功課。本篇教你買車票、看懂各種指標站牌，Step by Step搭車搭船教學，並有各種實用小提醒。

【飲　　食　篇】來希臘一定要嘗的特色美食是什麼？本篇分門別類，從小吃、主餐到水果、飲料、麵包甜食，告訴你必嘗重點。教你用餐步驟、看懂菜單收據，各種飲食須知、認識餐廳種類、並推薦鍾意店家。另外，想省錢或想體驗庶民風情的話，就來逛逛希臘超市、傳統市場吧！

【玩　　樂　篇】來希臘旅遊，一定要去愛琴海小島，一定要登雅典衛城！除此外，還有哪些好玩的呢？歷史悠久的希臘充滿了古文明的文化餘韻，又有著最迷人浪漫的景色與快樂悠閒的氣氛，本篇介紹本島、小島的著名推薦景點，並提供主題玩樂及行程建議，方便你規畫遊程。

【購　　物　篇】離開希臘前，有什麼伴手禮是值得帶回去收藏，或與親友分享的呢？想逛街血拼，又該到哪裡才好呢？購物以後，你還要了解退稅步驟，本篇皆有詳解。

【通　　訊　篇】前往希臘旅遊，要怎麼打電話跟台灣的家人報平安？如何使用網路、郵寄？請看本篇。

【應　　變　篇】超強應變守則，旅行希臘安全叮嚀，教你趨吉避凶。如果真遇到什麼麻煩，各種應變處理方法，及救急聯絡窗口都為你整理條例。附「救命小紙條」，隨身帶著走！

認識希臘
About Greece

希臘，是個什麼樣的國度？

1 篇章
以顏色區分各大篇章，讓你知道
現在正閱讀哪一篇

2 單元簡介
每個篇章開始前，
說明該篇的主題，

市區公車（Urban）/電聯公車（Trolley）

證件準備

3 資訊、祕訣小提醒
證件要去哪裡辦，辦證件或買車票
有何小祕訣，作者統統在此提醒你

4 指標、機器說明
各種須注意的指標，像是搭車搭機資訊、
或買票機器的操作按鈕插孔，
都有詳細拉線說明

離開希臘出境步驟

5 文圖步驟說明
不管是入出境、搭乘交通工具，或操作機器，
都有文字與圖片搭配，清楚說明流程

6 希臘美食圖鑑
特色美食、傳統美食、街頭美食，
看看希臘人都吃些什麼

特色商品

國際電話卡

公共電話使用步驟

國際電話使用步驟

7 希臘購物推薦
超市購物、紀念品、伴手禮……
殺得高興、買得開心、更買得有當地特色

8 實用生活資訊
怎麼打電話，如何寄信、上網，
範例、圖示清楚說明

認識希臘
About Greece

希臘，是個什麼樣的國度？

希臘是舉世皆知的西方文明發源地，也是浪漫與蔚藍的代名詞，然而，
若要真正了解希臘，有哪些必要常識需要知道呢？透過本篇，幫助你快
速了解這個古老的歐洲國家。

希臘小檔案

地理 | 歐洲最多山的國家之一

希臘基本情報

正式國名：Hellenic Republic
首都：雅典(Athens)
面積：131,957平方公里(約台灣3.66倍)
最高點：奧林帕斯山(2,917公尺)
人口：約1千1百萬人
宗教：東正教
政體：議會民主政治
官方語言：希臘語
貨幣：歐元

　　希臘位於東南歐巴爾幹半島南邊，北邊陸地接壤保加利亞、馬其頓共和國及阿爾巴尼亞，東接土耳其，並且東臨愛琴海、西臨愛奧尼亞海、南臨地中海。希臘境內多山，約占80%國土面積，是歐洲最多山的國家之一。主要山脈為班都斯山脈(The Pindus)，縱貫西部，境內最高山為奧林帕斯山(Mount Olympus)。最大半島為伯羅奔尼撒半島(Peloponnese)。希臘總面積有15%是島嶼，共有約3,000個大小島嶼，其中最大島是克里特島(Crete)。

希臘全境圖

邁錫尼出土的公牛頭,現保存於希臘國家考古博物館

歷史　命運乖舛的文明古國

古文明時期: 希臘是歐洲文明的發源地,西元前3100～1150年相繼出現的米諾斯、邁錫尼文化是古希臘文明的先驅。荷馬史詩及多數古希臘文學、神話所敘述的故事,也與此時代相近。

城邦政治發展: 西元前800年,特有的城邦政治出現,在諸多城邦中,雅典與斯巴達是兩個特色相異、最具典型的代表。到後期,城邦間開始衝突不斷,直到亞歷山大出現才平息反叛,統一了希臘。

馬其頓帝國崛起: 亞歷山大大帝遠征波斯及印度,建立橫跨歐、亞、非三洲的馬其頓帝國。希臘語不僅成為廣大地區的共同語言,希臘制度也推展到東方世界。但好景不常,年僅32歲的亞歷山大病逝後,部屬將領們爭奪統治權,於是帝國分裂。

羅馬統治時期: 西元前168年,希臘被羅馬帝國征服統治,但希臘文化卻反而影響羅馬帝國,雅典此時成為藝術文化的中心。西元395年,羅馬狄奧多西一世去世後,帝國分裂為二;以君士坦丁堡為首都的拜占庭帝國(東羅馬帝國)深受希臘文化影響,並與基督教信仰融合,注入新活力。

鄂圖曼統治時期: 西元1453年,千年的羅馬被鄂圖曼土耳其帝國瓦解。此後長達兩、三百年間,許多希臘人流亡他鄉。直到西元1821～1828年的獨立戰爭,才脫離統治,建立君主政權。

近代希臘: 1882年希臘正式提出獨立宣言後,在列強支持下,陸續收復了失地,現代希臘版圖漸成形;第一、二次世界大戰後,希臘經歷內戰、軍政府時代,直至1974年才推翻「上校」政權,成立民主共和國。1981年希臘加入歐洲經濟共同體(歐盟前身),展開政黨政治至今,並定期選舉出不同政黨領袖接任總統及閣揆。

描述亞歷山大大帝征戰之雕刻圖(現存於帖撒羅尼迦古希臘博物館)

年	3100BC	1200BC	800BC	323BC	146BC	324AC	1829AC~至今
	青銅時代 →	黑暗時代 →	古典希臘 →	希臘化時代 →	羅馬時期 →	中古時期 →	近代希臘

希臘動態時報

- 米諾斯、邁錫尼文化
- 荷馬史詩、城邦政治
- 馬其頓帝國崛起、亞歷山大大帝
- 馬其頓分裂、亞歷山大去世
- 羅馬帝國統治
- 拜占庭帝國、鄂圖曼帝國
- 民主共和國、希臘王國(內戰、軍政府)

希臘小檔案 03

氣候 | 地中海型氣候，南北差異大

希臘屬於地中海型氣候，夏天乾燥炎熱，冬天濕冷。相較其他歐洲國家而言，希臘的氣候相當宜人溫暖。然而，希臘北部與南部的氣候差異仍然相當大，北部內陸地區接近大陸型氣候，冬季相當嚴寒且不時會下雪；南部地區(如伯羅奔尼撒半島及南方海島)氣候相對溫暖，經常陽光普照，且下雨機率偏低。然而11～3月間氣溫較不穩定，有時仍相當寒冷且易下雨。

希臘天氣哪裡查

奇摩氣象
選國際天氣→歐洲，可查詢雅典天氣。
http tw.weather.yahoo.com

希臘國家氣象服務
(National Meteorological Service)
http www.hnms.gr

雅典及派瑞斯港氣候查詢
http www.pireas.gr

希臘小檔案 04

國旗 | 十字與自由

希臘的藍白國旗樣式相當簡單，卻成為該國鮮明的特色標誌。希臘國旗形式幾經演變，現今的樣式是由9條藍白相間的橫條，加上左上角白色十字及藍底的特殊形式。白色十字代表希臘東正教的十字架符號，9條藍白相間的橫條則分別代表「自由」及「死亡」，意味著「不自由，毋寧死」(Freedom or Death)之隱喻，表明著希臘人極度崇尚自由的生活態度。

希臘小檔案 05

語言 | 希臘文為主，英文為主要外語

全國以希臘文為主，但由於希臘近代歷史充滿戰亂，因此人口大量外移至英、美及澳洲等英語系國家，以及鄰近的歐洲國家，因此，許多希臘人因為跨國的家庭背景而通曉一種外語以上。較通用外語為英文、其次為法文、德文、義大利文等。此外，希臘為觀光國度，因此在觀光地區的希臘人絕大部分通曉英文，在溝通上沒有太大問題。

雅典全境各月分均溫、季溫和雨量

月分	1月	2月	3月	4月	5月	6月	7月	8月	9月	10月	11月	12月
雨量(mm)	57	45	41	31	22	10	5	6	13	51	57	69
最低溫(℃)	4	5	6	9	14	17	21	20	17	13	10	7
高溫(℃)	12	13	16	20	26	31	34	33	29	23	18	14
平均季溫(℃)	5～16			11～29			19～34			9～22		

＊以上資料時有異動，以官方最新公告為主。

製表／林少凡

認識希臘

希臘小檔案 06

人民 | 友善、熱情、重家庭

　　希臘人是雅利安人(Aryan)後裔，相當親切友善，且極其熱衷家庭活動，大部分的希臘人生活是以家庭(族)為中心，即使移民海外者也多保有這種觀念。雖然希臘有約2/5人口集中在大雅典地區，但多數仍與家鄉保持緊密的關係。希臘人尤其喜愛小孩，惟對教養小孩多採放任的態度，與東方人約束管教孩子的方式大相逕庭。

　　希臘人喜歡熱鬧，講話音量較大且肢體語言豐富；熱愛觀看足球運動或談論政治，尤其喜歡與家人或三五好友在咖啡廳或小酒館待上數小時，享受悠閒生活，惟希臘公家機關效率極為不彰。

希臘小檔案 07

宗教 | 篤信東正教的國度

　　東正教是基督教的三大宗派之一(其他二宗派為天主教及新教)，主要分布於希臘、俄羅斯及東歐國家。希臘人民約有98%人口信仰東正教，境內教堂眾多，且宗教是許多希臘人民重要的精神支柱，每逢週日、舉行婚禮或受洗儀式，常可見教堂前聚集許多希臘人參與。許多希臘人經過教堂前，也會用手比劃「十字聖號」的宗教禮儀手勢。

希臘小檔案 08

經濟 | 觀光、農業為主要收入來源

　　希臘自古以農立國，農產品進出口貿易是希臘的經濟支柱，而工業發展則多仰賴國外資金之挹注支持。

橄欖相關製品為希臘主要農產品之一

　　由於希臘擁有悠久的歷史、文化以及自然景觀與海灘，使得希臘享有充沛的觀光資源，也成為希臘主要收入來源。根據希臘國家觀光局統計，近年來造訪希臘的外國遊客數量突破3千萬人次，所得收益占希臘GDP(國內生產毛額)25%，因此稱希臘為觀光大國一點也不為過。

希臘小檔案 09

幣制 | 使用歐元，匯率約1：35

　　希臘自2002年1月2日起開始全面使用歐元，取代原來的Drachma幣制。然而，在匯率轉換的巨大落差下，物價因此急速提高，也造就現今希臘高物價的社會。即使近年來希臘經濟狀況不穩定，歐元幣值下降，物價卻未見明顯降低。

幣制匯率查詢：www.xe.com

希臘小檔案 10

時差 | 比台灣慢5或6小時

　　希臘的時間區分為夏令時間與冬令時間，夏令時間比台灣慢5小時；其餘為冬令時間，比台灣慢6小時。

　　最好記的方法是，你在希臘吃早餐(07:00)時，台灣的人在吃午餐(12:00)，以此類推。與台灣聯繫最適合的時間是希臘時間下午2點之後，此時台灣已經晚上吃完晚餐。

　　另外，希臘夏季日出時間約6點前，晚上9點後才日落；冬季約7點半前日出，傍晚5點半後日落。

節令	期間	希臘時間	台灣時間
夏令時間	3月最後一個週日～10月最後一個週日	早上07:00	中午12:00
冬令時間	10月最後一個週日～3月最後一個週日	早上07:00	中午13:00

希臘小檔案 11

電壓 | 230V

雙孔插座

　　希臘電壓為230V，50Hz，採用C型和F型插頭，兩腳圓插頭。台灣電器用品無法直接使用，需自備變壓器或二圓孔的轉接插頭。

希臘小檔案 12

假日 | 以宗教節日居多

　　國定假日大部分景點、商店皆不開放營業，因此前往希臘旅遊前，要先查清楚有無遇到國定假日，若有的話，則行程可以作些調整，或預先準備因應方案。查詢國定假日：en.wikipedia.org/wiki/Public_holidays_in_Greece(部分國定假日日期每年不同，會有變動，需事先查清楚)。

國定假日一覽表　　　　　　　　　　　製表／林少凡、艾米

1月1日	新年(New Year's Day)
1月6日	主顯節(Epiphany)
約2月(非固定日期，復活節前40天)	潔淨星期一(Clean Monday) 傳統慶祝方式之一是放風箏，如果當天去衛城周邊丘陵，就會看到數以百計的風箏在天空飛舞。
3月25日	獨立紀念日(Independence Day) 聖母領報節(Annunciation of the Lord)
約4月(非固定日期，復活節前的星期五)	耶穌受難日(Orthodox Good Friday)
約4月(非固定日期，根據猶太曆，每年春分月圓後的第一個星期日)	復活節(Easter Sunday)
約4月(非固定日期，復活節後的第一天)	復活節星期一(Easter Monday)
5月1日	勞動節(Labor Day)
約6月(非固定日期，復活節後第50天)	聖靈降臨節(Holy Spirit Monday)
8月15日	聖母升天日(Assumption of the Holy Virgin)
10月28日	「不」紀念日(The Ochi Day)
12月25日	聖誕節(Christmas Day)
12月26日	聖母聚會日(Synaxis of the Mother of God)

認識希臘

希臘小檔案 13

航程 | 無直航，需轉機

　　從台灣到希臘無直航班機，必須要搭機至第三國(地)轉機一次以上，總飛行時數約16小時左右(不含轉機等待時間)，視班機狀況而定，由於目前的航線選擇都需轉機(或中途停留)1次以上，故相關班機資訊建議旅遊前向旅行社或航空公司確認，以選擇較適合的航班組合。機票與航空資訊參見行前準備篇。

希臘小檔案 14

交通 | 交通擁塞的都市

　　人口過度集中都會區，尤其是大雅典地區、第二大城帖撒羅尼迦(Thessaloniki)人口超過希臘總人口數一半，加上希臘人喜愛以車代步、都市交通及停車位規畫不良，因此都市的交通狀況普遍欠佳。自捷運開通以來，已大幅改善市區交通狀況，但塞車仍是都市人的每日生活常態。

希臘小檔案 15

治安 | 治安尚稱良好

　　相較於其他西歐主要國家，希臘的治安尚稱良好，少有重大刑案發生。惟近一、二十年來大量東歐、巴爾幹國家、中東、北非及庫德族之非法移民湧入，都會區治安有日漸惡化的趨勢，竊盜及行搶案件增加，因此除特定區域如雅典市Omonia周邊、Metaxourgeion等區域應避免前往外，更需隨時注意人身及財物安全。需提防的犯罪手法、救急應變請見應變篇。

希臘小檔案 16

希臘神話 | 充滿人性的眾神

　　希臘神話為古希臘代代相傳的口述或文字描述的各種事件，大多與眾神、英雄、戰爭有關，與古希臘宗教、政治及歷史息息相關。這些神話由歷代的藝術家、建築師及文學家以各種藝術形式流傳下來，如陶藝、繪畫、雕刻及文學。目前已知最早的正式書面文學作品，是《荷馬史詩》(Homeric Hymns)的《伊利亞德》(Iliad)和《奧德賽》(Odyssey)，著重描寫了和特洛伊戰爭相關的重大事件。希臘神話對西方現代文明有著相當深遠的影響。

希臘小檔案 17

希臘印象 ｜各領域的希臘名人

君王

●**亞歷山大大帝(Alexander the Great)**：歷史上最著名的君王及軍事家，13年間未嘗敗績。統一希臘、征服歐亞非，建立橫跨三大洲的馬其頓帝國。

文學

●**荷馬(Homer)**：相傳是古希臘一位失明的遊吟詩人，創作了西方第一部重要文學作品《荷馬史詩》，反映邁錫尼文明而成為極重要的史料。被稱為歐洲四大史詩詩人之一。

●**尼可斯‧卡山扎契斯(Nikos Kazantzankis)**：希臘最著名的作家之一，著名小說《希臘左巴》(Zorba the Greek)，在六〇～七〇年代被拍攝成電影並編製成音樂後，聞名世界。

哲學

●**三大哲人**：

蘇格拉底(Socrates)、柏拉圖(Plato)及亞里斯多德(Aristotle)：希臘古文明最知名的三位哲學家，被譽為西方哲學的奠基者，共稱希臘三哲人。「蘇格拉底式教學」(Socratic Method)貢獻卓著，影響至今；柏拉圖著有《理想國》一書，並創立了雅典學院，在高等教育領域貢獻極深；亞里斯多德是亞歷山大大帝的老師，物理學創見一直影響到文藝復興時代，直到被牛頓物理取代為止。

商業界

●**歐納西斯(Aristotle Onassis)**：知名希臘船王、億萬富豪。曾與美籍希臘女高音家瑪麗亞‧卡拉絲交往數年，晚年則與美國甘迺迪總統遺孀賈桂琳(Jackie Kennedy)結婚，成為舉世注目焦點。

數學／科學／醫學家

●**阿基米德(Archimedes)**：他最有名的故事莫過於在洗澡時，領悟出上升水位與測量物品體積之間的關係，於是他突然從浴盆跳了出來，光著身體就跑出去喊著Eureka！(我發現了！)，這就是著名的阿基米德原理。

●**希波克拉底(Hippocrates)**：臨床醫學之父。最重要的貢獻是將醫學與巫術及哲學分離，並將醫學發展為專業學科。其所撰的《希波克拉底誓言》(the Oath of Hippocrates)，又稱醫師誓詞，為傳統上西醫行醫前立誓的準則。

政治界

●**阿格紐(Spiro Theodore Agnew)**：美國第39屆副總統、尼克森總統的副手，也是第一位希臘裔的美國副總統。是知名的反越戰人士。

演藝界

●**史庫拉斯(Spyros Panagiotis Skouras)**：移民至美國後在電影界闖出一片天，成為美國二十世紀福斯電影公司總裁。最知名的事蹟莫過於他慧眼獨具，簽下一位叫諾瑪貝克(Norma Baker)的年輕女模特兒，後來她改名為瑪麗蓮夢露(Marilyn Monroe)，並成為一代巨星。

音樂界

●**瑪麗亞‧卡拉絲(Maria Callas)**：美籍希臘女高音家，在希臘受教育並在義大利發光發熱，被認為是史上最有影響力的女高音之一，並被樂迷稱為「La Divina」(義大利語，女神之意)。她與希臘船王歐納西斯的私生活曾受到廣大的關注。

●**娜娜(Nana Mouskouri)**：最著名的希臘歌手。她的唱片被翻唱成12種語言(包括中文)，銷售全球長達50年，累積總張數達3億，成為至今最暢銷的歌手。

指指點點希臘文 Σθπ

字母發音

字母(大、小寫)	發音
A α	A
B β	V
Γ γ	Gh
Δ δ	Dh
E ε	E
Z ζ	Z
H η	Ee
Θ θ	Th
I ι	Ee
K κ	K
Λ λ	L
M μ	m
N ν	N
Ξ ξ	Ks
O ο	O
Π π	P
P ρ	r
Σ σ	s
T τ	t
Υ υ	ee
Φ φ	f
X χ	ch
Ψ ψ	ps
Ω ω	o

複合式字音	複合式字音
MΠ-μπ	B
NT-ντ	D
TZ-τζ	J
ΓΓ-γγ	NG
AΥ-αυ	AF
EΥ-εν	EF

希臘常用手語教學

出門在外，肢體語言很重要，來學希臘人比手畫腳吧！

數字 1～5

6的話就是5根手指加1根大拇指，7、8……也類推下去。

結帳手勢　好吃　等一下

不知道　咒罵人之手勢

Moutza，希臘文 μούτζα，為咒罵他人之手勢，務必避免使用，以免造成誤會。

行前準備
Preparation

出發前，要預做哪些準備？

持台灣護照的旅客進入希臘觀光可享免簽證待遇，大大減少許多準備手續及費用。然而證件、機票及金融等相關事宜仍不可輕忽，惟有做好行前準備才能好好享受旅程。本篇將告訴你希臘旅遊要做哪些必要準備。

證件準備

護照

護照是旅行時的身分證，出國旅遊必須持有護照，多數國家的簽證也就簽在護照的簽證頁上。若你尚未申請過護照，或護照有效期限少於6個月者，可至外交部領事事務局在台北、台中、高雄、花蓮的辦公室申請，手續簡便，也可委託他人或旅行社代辦。

中華民國
REPUBLIC OF CHINA

TAIWAN
護照
PASSPORT

晶片護照的標誌

申請需備文件

❶ 普通護照申請書： 外交部領事事務局網站有申請書及書寫範例下載。

❷ 國民身分證正本及正、反面影本各乙份

❸ 白底彩色2吋照片2張

❹ 護照規費： 新台幣1,300元整(費用時有更動，請依外交部領事事務局最新公告為準)。

❺ 兵役證明： 役男需提供兵役證明。

❻ 舊護照正本： 新辦則免。

詳細規定請查詢外交部領事事務局網站：
www.boca.gov.tw/cp-18-17-87808-1.html

記得將證件備份

● **網路：** 最好的方式是將所有必要證件(含大頭照檔案)，先寄到自己的電子信箱或雲端硬碟內，萬一旅遊途中不慎遺失全部重要文件時，還可以上網列印自己的證件影本。

● **影印：** 除了上述的雲端備份外，建議隨身準備證件影本及大頭照數張，分別放在不同的行李箱或隨身行李，以供緊急狀況時使用。

● **手機、相機：** 可用有照相功能的手機或數位相機拍照備份。

護照這裡辦

外交部領事事務局
網址：www.boca.gov.tw
地址：台北市中正區濟南路一段2-2號3～5樓
電話：(02)2343-2807
開放時間：週一～五(國定假日不上班)
申請時間：08:30～17:00(中午不休息)
工作天：一般件4個工作天，遺失補發件5個工作天

中部辦事處
地址：台中市南屯區黎明路二段503號1樓
電話：(04)2251-0799

雲嘉南辦事處
地址：嘉義市東區吳鳳北路184號2樓之1
電話：(05)225-1567

南部辦事處
地址：高雄市前金區成功一路436號2樓
電話：(07)211-0605

東部辦事處
地址：花蓮縣花蓮市中山路371號6樓
電話：(03)833-1041

＊以上資料時有異動，出發前請再次確認。

簽證

自2011年元月起我國享有歐盟免簽證待遇，因此持中華民國護照者，至希臘觀光旅遊3個月(90天)不需簽證。但是如果要前往希臘工作(包括90天內)、居留(超過90天)、留學、結婚、傳教等活動，仍要先辦好申根簽證。目前因希臘在台並無辦事處，因此希臘申根簽證業務由西班牙商務辦事處代辦。

需備的入境文件

免簽證待遇並不代表可無條件入境希臘。入境時，除需出示有效護照外，希臘移民官可能要求提供下列資料(一般情況下並不會要求提供，但有備無患)：旅館訂房確認紀錄、付款證明、旅遊行程表及回程機票，以及財力證明如旅行支票、信用卡等。若參加各項活動、講學、洽商等也最好將邀請函備著。另外，若攜未滿14歲的兒童同行進入希臘時，依歐盟規定必須提供能證明彼此關係的文件或父母(監護人)的同意書，相關文件均應翻譯成英文或希臘文。

免簽證公報英文版，隨身攜帶小提醒

由於並非每個國家的海關都認得台灣，我們的護照上有英文寫著「REPUBLIC OF CHINA」，有許多海關會誤以為這是中國。這時若是備妥一張免簽證公報的英文版文件，就不用花時間用英文跟海關解釋你來自於免簽國家。至外交部官網www.mofa.gov.tw搜尋並下載連結：「歐盟通過予我免申根簽證待遇公報英文版」。路徑：外交部首頁→為民服務→下載專區。

簽證這裡辦

西班牙商務辦事處
(Spanish Chamber of Commerce)

地　　址：	台北市104中山區民生東路三段49號10樓B1(民生商業大樓)
英譯地址：	Rm. b1, 10F., No.49, Sec. 3, Minsheng E. Rd., Zhongshan Dist., Taipei City 104, Taiwan (R.O.C.)
電　　話：	(02)2518-4901
受理時間：	週一～四09:00～11:30(週五不受理簽證業務)

＊以上資料時有異動，出發前請再次確認。

常見簽證問題

Q 想順道去土耳其旅遊(不論搭船或飛機)再回希臘，簽證怎麼辦？

A 我國人進入申根國家的停留日數，為任何180天內總計至多不可超過90天，意即在申根區中停留的任何一天，與剛過去的180天期間內的停留日數，合計不得超過90天。

但要提醒的是，進入土耳其旅遊需要辦理簽證，因此若想順道前往土耳其旅遊的話，最好事先在台灣申請好土耳其簽證，取得入境簽證才可入境土國。若只是在土耳其轉機的話，則不需要土耳其簽證。

舉例

如果去希臘60天，又跑去非歐盟國家玩了30天，還是可以再回希臘和其他歐盟免簽國玩30天。因為去非歐盟免簽國家的天數，不計算在單次停留90天中。

※資訊時有變動，請再次至官網確認。

國際駕照

有計畫在希臘租車自駕的人，出國前記得申請國際駕照或檢查國際駕照效期(最長3年，不得過期)。國際駕照將5種不同的駕駛車種登錄在同一本駕照上，因此一本國際駕照上，可同時持有小客車和機車的駕照證明，

申請費用相同(跟國際汽車駕照一起辦只收一次規費，分兩次辦就會收兩次錢)，相當簡便。

按照希臘政府規定，台灣駕照也必須攜帶，但實際上當地只看國際駕照。不過，圖安心的話還是帶著台灣駕照，且須在有效期內。

各類國際卡證

各類國際身分卡片，有時可提供旅遊希臘期間的各種大小優惠方案，只要你符合資格皆可申請，優惠訊息可至官網或合作網站查詢。以下這些卡證可至康文文教基金會網站申辦。

國際學生證ISIC

若具學生身分，可申請國際學生證，除可享有免費緊急救援與諮詢服務外，購買國際機票也有折扣方案，並在希臘部分景點享有學生票價優惠。國際學生證官網：www.isic.org。

國際青年證IYTC

若已非學生，但年齡在26歲以下，可申請國際青年旅遊卡。訂國際機票會有不定期的優惠專案，有些商家或旅宿業也會有優惠。

國際教師證ITIC

具教師或教授身分可申請。訂國際機票會有不定期的優惠專案，有些商家或旅宿業也會有優惠。

如何申請國際駕照

辦理地點：各縣市監理單位
需備證件：國民身分證正本或影本、中華民國駕照正本、本人最近6個月內2吋照片2張、汽(機)車駕駛人審驗暨各項異動登記書、與護照相同之英文姓名
規費：新台幣250元

＊以上資料時有異動，出發前請再次確認。

如何申辦國際卡證

這些卡片申辦方式都可用線上申請、郵寄(附回郵信封)、臨櫃辦理。效期為發卡日起1年有效。
需備文件：填好的申請表格、2吋照片1張、身分證正反面影本。
費用：新台幣400元。請用現金袋或匯票的方式寄來，匯票的抬頭要寫「財團法人康文文教基金會」，費用部分無法使用郵票替代。
委託代辦：若本人無法到現場親辦，亦可託人代辦，或採郵寄方式(信封上請註明姓名及聯絡電話)，備妥所需證件及費用，及附回郵信封或郵資。

- -

財團法人康文文教基金會
網址：www.travel934.org.tw
網路申辦：www.travel934.org.tw/isic_taiwan/issuing.aspx

台北辦事處
電子信箱：TRAVEL934@statravel.org.tw
地址：台北市忠孝東路四段142號5樓505室(捷運忠孝敦化站5號出口)
電話：(02)8773-1333
傳真：(02)8773-3302

台中辦事處(金展旅行社代辦)
地址：台中市台灣大道二段285號7樓之2(寰宇實業大樓)(BRT中正國小站)
電話：(04)2322-7528
傳真：(04)2323-4368

高雄辦事處(鋼友旅行社代辦)
地址：高雄市前金區中華四路282號3樓
電話：(07)215-8999
傳真：(07)215-3939

＊以上資料時有異動，出發前請再次確認。

蒐集旅遊資訊

實用旅遊網站推薦

希臘觀光組織

http www.visitgreece.gr

雅典資訊網

http www.athensinfoguide.com

雅典官方旅遊網

http www.thisisathens.org

旅遊優惠網

http www.travelcuts.com

景點旅遊資訊

http www.hopin.com

希臘生活

http livingingreece.gr

雅典生存指南

http www.athensguide.com

背包客棧希臘版

http www.backpackers.com.tw

當地生活情報來源

　　希臘當地生活情報來源為報紙、雜誌、電視與廣播，絕大多數為希臘文，然而，當地仍有許多英文情報來源提供外國旅客。最主要的英文日報為Kathimerini(與國際先峰論壇International Herald Tribune報合刊)，英文週報為Athens News，雜誌部分則有Athens Insider(文藝資訊為主)，European Business Review(總部位於希臘雅典，行銷全歐洲的國際雜誌)等。大多數旅館可看到CNN、BBC或RT(Russian Today)電視新聞，廣播則以104.4為英文頻道。官方媒體為雅典新聞社(Athens News Agency)，提供實體刊物及網路新聞服務。

當地媒體網路資源連結

Athens News Agency：www.amna.gr(英文、希臘文服務)

Kathimerini：www.ekathimerini.com

Athens News：www.athensnews.com

Athens in your pocket：www.inyourpocket.com/greece/athens

European Business Review：www.europeanbusiness.gr

旅遊行程規畫

選擇旅行季節

晚春初秋：氣溫最舒適

希臘觀光最佳季節是晚春及初秋(亦即4月下旬至6月及9月至10月初)，此期間氣候溫和，天氣晴朗，遊客相對較少，但日夜溫差較大。

7、8月旺季：又擠又熱

若是7、8月旅遊旺季期間來觀光，除了天氣相當炎熱以外(白天最高可達40幾度高溫)，且需面臨擁擠的人潮，機(船)票及旅館費用也較昂貴。因為夏天的希臘有長達3個月的陽光，每天日照時間從早上5、6點開始直到晚上9、10點才下山，因此大批遊客都來希臘享受陽光及海灘，且歐洲各行業在8月有暑假長假，可以全家出遊，所以夏天的希臘非常的擁擠。

另外，希臘人喜愛夏季到海灘游泳或往鄉下、海島避暑，不過此期間公部門效率更加緩慢，對於需前往政府機關洽公的人士相當不便。在夏季觀光地區的商家基本上都會營業，8月暑假許多商家可能會關門約1～3週不等的時間，對要逛街購物的人多少會有不便。

10～3月淡季：節省開支

喜歡漫遊古蹟且不喜歡人擠人的旅客，可以選擇淡季前來希臘，不但機票、住宿都較為便宜，11月至3月間每週日大多數的古蹟皆可免費入場，可節省一筆門票費用的開支。不過此時的天氣相對不穩定，氣溫較低，且船班會減少或停駛，故要先問清楚所搭的船是否正常出船；一般而言，只要不是罷工，通常都會依班表營運。另外，小島許多旅館商店開始休息，因此選擇不多。但此時造訪的優點是可避開人潮慢慢遊玩。

夏季希臘海灘永遠都有戲水的人潮

⁉️ 掌握商家營業時間

掌握希臘商店的營業時間，是來此旅遊必須建立的重要觀念之一，因為希臘商店有一定的營休制度，不像台灣的商店幾乎全年無休。以下為總體的營休時間(部分商店略有差異)。

公務部門：週休二日。

一般商店：營業時間：(1)週一、三、六09:00～15:00；(2)週二、四、五09:00～14:30，17:00～20:30，下午為午休時間。週日全部商店皆打烊，但有些商店如速食店、小吃店、飲料雜貨店及花店仍會營業。

超市：營業時間為週一～五08:00～21:00，週六08:00～18:00，少部分超市週日也營業。

觀光區商店：雅典市中心觀光區(如Plaka)許多商店營業時間自09:00～23:00，且週日部分商店(如紀念品、特產店等)仍會營業。國定假日所有商店皆不營業(除部分速食店、小吃店、飲料雜貨店外)。

依預算或季節決定旅遊方式

預算較多者(如新婚蜜月)，在旺季建議可以選擇跟團，因旺季遊客極多，交通、住宿會發生較多狀況，因此有專人打點雜事比較不會掃興。若在淡季，則建議半自助，可自行上網預訂機票及住宿後，再依旅遊地點及天數選擇適合的當地旅行社安排行程；如果時間較緊，最好事先都預訂好，但若旅遊時間寬裕或怕旅行日期有變卦，則可到當地再訂，以保留彈性(不過旺季時最好在行前先有規畫，以免浪費時間在等待上)。淡季的行程建議以古蹟、博物館及生態旅遊為主。

預算較少的人則一定要多做功課，在旺季建議可以玩自助或半自助，依語言能力與應變能力而定，行程部分一定要事先規畫好。全自助的缺點為，遇到狀況都要自己處理；若在淡季則因旅客少，可到當地再臨時安排半自助旅程，雖天氣較不如旺季，但此時旅客少，又可享受服務，算是很划算的選擇。

⁉️ 需要準備多少小費？

基本上，各項服務費皆已含在帳單內，因此無需特別再給小費，但在熱門觀光地區或島嶼的餐廳及旅館，有些服務生會積極主動要小費(這是他們重要收入來源)，此時則視服務態度及品質而定，若滿意再酌給小費。若認為服務不周，當然不需給小費。若認為不需給時，態度必須堅定。

一般而言，在餐廳一般可給3～10%不等之小費(離開前放在餐桌上)，在星級較高的旅館亦可給服務生(包括行李搬運及飯店泊車服務人員)1～5歐元不等的小費，視服務品質及滿意程度而定。

單日預算試估

住宿 (單人套房價格，依星級及淡旺季不同而定)	20～150歐元
餐飲 (若有到餐廳吃飯的價錢)	20～30歐元
交通 (雅典市區大眾運輸工具，不含機場段)	■1次票(1 90-minute ticket) 1.4歐元/半票0.6歐元 ■2次票(2 90-minute tickets) 2.7歐元/半票1.2歐元 ■5次票(5 90-minute tickets) 6.5歐元/半票3歐元 ■11次票(11 90-minute tickets) 13.5歐元/半票6歐元 ■24小時票(24-hour ticket) 4.5歐元 ■5日票(5-day ticket) 9歐元
景點門票等 (依參觀景點多寡而定)	3～12歐元
合計	約46～201歐元

* 以上資料時有異動，出發前請再次確認。

旅行方式優缺點分析

	自主性	旅遊風險及安全	費用	優缺點
跟團	低	專業人員帶領，最安全	大部分為固定支出，最無彈性。	**優**：完全不用思考行程，只要依照指示走完行程即可。 **缺**：沒有自主的彈性，必須遷就他人。
半自助	中	半團體行動，較安全	交通、旅館或餐廳等為固定支出，稍有彈性。	**優**：省掉找住宿、交通的安排時間，把時間用在體驗當地風情上。 **缺**：行程多已固定，較無法依需求臨時更動。
全自助	高	完全靠自己或朋友，風險最大	除交通有固定的支出以外，其餘的開支完全自主，消費最彈性。	**優**：可依自己的步調及心情去安排行程及消費。 **缺**：必須處理各種狀況，如找住宿，搭車時間，開車的交通狀況，及其他意外。

表格整理／林少凡

希臘基本消費物價表

基本消費	歐元
水(0.5公升)	0.5〜1
飲料(咖啡、啤酒類)	2〜4
可樂	1.5〜2.5
麵包	0.5〜2
芝麻圈餅(Koulouri)	0.5〜1
希臘肉捲餅(Souvoulaki-pita gyros)	2〜3
速食店套餐	3.5〜6
沙拉	4〜6
烤肉串(一盤)	6〜9
單人套房價格(依星級及淡旺季而定)	20〜150
雙人套房價格(依星級及淡旺季而定)	25〜200

＊價格依餐廳類型及實際商品不同而異。　　　　　表格整理／林少凡

⁉ 希臘「門牌」大不同！

　　在台灣，每一戶(棟)門前都有「門牌」，列有區域名稱、街名及門號；但在希臘，「街名」與每一棟樓的「門號」是分開看的，若要找路，需先到每一條街廊第一棟大樓的轉角處的「街牌」查看街名，確認是自己要找的街道後，再沿著該街去找正確的「門號」。

希臘文街道之意

ΟΔΟΣ
EPMOY
ERMOU

雅典大部分的街牌皆同時列英文及希臘文

門牌上只會有號碼，不會再列上街名

12

街牌一般只掛在每街第一棟大樓的轉角處，不是每一棟都有

機票與航空公司

如何選擇航空公司

　　台灣沒有直飛雅典的班機，都須轉機1次以上。若考量轉機之便利性，及累積或兌換會員里程數等因素，可選擇星空聯盟(Star Alliance)或天合聯盟(Skyteam)等航空公司結盟的航班組合(詳見官網)，可享有更便捷的轉機服務和更一致的報到手續辦理流程。但若以預算為主要考量，則建議可選擇轉機較為不方便，但價格相對便宜的連結航班，如先飛往亞洲主要城市(如首爾、曼谷、新加坡、香港等)轉搭乘阿提哈德航空(Etihad Airways)或卡達航空(Qatar Airways)等中東航班，或廉價航空(如新加坡虎航Scoot Airlines)，亦是不錯的選擇。若從歐洲其他地方前往希臘，則必須上網查詢是否有前往希臘各地的班機。要注意，希臘有許多熱門的小島(如科孚島)，所以許多航空公司皆提供點對點直飛希臘小島，不用在雅典機場轉機。

如何訂機票最划算

　　多比較。可先請旅行社代訂，同時自行搜尋不同訂票網站，比較票價與相關退、換票等規定後，再做決定。另外也可申請星空聯盟及天合聯盟等航空公司會員卡，或利用國際學生證、青年證或教師證等優惠方案訂購機票，可享有折扣、額外服務或累積哩程等優惠，可在行前多做功課比較。

熱門查詢及訂機票網站

Skyscanner：www.skyscanner.com.tw
Trip.com
Funtime比價網站：www.funtime.com.tw/oveticket
星空聯盟官網：www.staralliance.com(可選繁體中文)
天合聯盟官網：www.skyteam.com
國際學生機票：www.statravel.org.tw
多為必須持有國際學生證、國際青年證或教師證才能訂購，優惠皆可在官網上看到，有不定期專案
ferries：www.ferries.gr/booking

匯兌與信用卡

兌換現金

出發前最好概估一下旅遊預算及所需現金,並建議在出發前先兌換好歐元。如此一來,抵達希臘後就可以立即跑旅遊行程,不需再找外幣兌換處排隊、掏錢、兌換及妥善收存等手續,徒增緊張。

一般來說在飯店兌換匯率最差,機場匯率不是最好但是最方便的(手續費約可達5%),最好是到銀行去換較好。如果必須在機場換,建議先換少量的歐元供頭幾天花用,等在頭幾天旅程中找到適當銀行時,再去兌換更多的歐元,如此便可兼顧便利性及安全性。

如何查詢匯率?

匯率可見各家銀行前的電子匯率表查詢,或上網查詢最新匯率。

幣值換算網
http www.xe.com

奇摩理財
個人理財→銀行服務。可查看幾家銀行的告牌匯率,亦有匯率換算程式及到哪換外幣最划算的程式。
http tw.money.yahoo.com

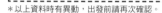

＊以上資料時有異動,出發前請再次確認。

阿提卡銀行是希臘主要銀行之一,目前有61個分行

信用卡和旅行支票

信用卡

信用卡是現金最佳的替代品,希臘旅行不建議帶過多現金,卻一定要帶信用卡,大部分的國際信用卡在希臘各地都可以使用,尤以觀光盛行之城市最為方便,惟要注意的是,在希臘使用信用卡時店家會核對信用卡持有者本人的護照,以確認刷卡人身分,因此要記得隨身攜帶護照。

旅行支票

可在旅館或銀行兌換現金。希臘各地都有接受旅行支票的商家,但若有大面額旅支要兌換則會較麻煩,有些商家看到大面額的旅支可能會拒絕,但在銀行兌換則無此問題。旅支的優點是不用帶很多現金在身上,攜帶方便,缺點是到當地還要找地方辦理兌換手續,且希臘銀行絕大多數都會就兌換旅支收取高額手續費,不一定適合每個旅行者,因此建議旅行支票基本上是備而不用,作為應急之需就好。

認識希臘銀行(金融機構)

營業時間為週一～四08:00～14:30,週五08:00～13:30(有些營業到14:00)。週末及國定假日皆不營業。希臘的銀行極多,在市區時常可見同一條街上便有好幾家銀行。一般皆有外幣兌換服務,並有Money Exchange兌匯頗為方便。希臘國家銀行、本土銀行以及外國銀行如美國運通、花旗等均可以辦理通匯業務。另外如西聯匯款(Western Union,見P.183)等匯兌所亦可辦理國際匯款。當日匯率皆顯示在銀行櫃檯附近。要注意的是,辦理匯兌業務時必須出示本人護照。

如何跨國提款？

（文／Akila提供）

開通MAESTRO、CIRRUS功能

任何金融卡只要開通MAESTRO、CIRRUS功能，就能在貼有此兩種標記的ATM領錢，而不一定要是VISA卡，但並非每間銀行都有此跨國提款功能。此服務要事先向台灣的銀行申請開通，且有些銀行會另收取手續費，要事先查清楚。

使用VISA或MASTER CARD

金融卡有VISA或MASTER CARD功能的，就能跨國提款，但一定要在有貼VISA及MASTER貼紙的提款機才能提款。但幾乎每台提款機都有貼 VISA、MASTER CARD標誌。VISA金融卡或MASTER CARD可以刷卡也可以提款，但刷卡是直接從帳戶扣款，存款夠才能刷才能領，跟一般的信用卡不太一樣。

Steps ▶ 跨國提款步驟

Step 1 確認有跨國提款標誌

跨國提款標誌

Step 2 插入卡片

Step 3 選擇語言

點選語言

Step 4 輸入密碼

鍵入密碼(PIN)

Step 5 選擇金額

點選欲提領金額　其他金額(Other Amount)

Step 6 拿取現金及收據

是否需要收據(Receipt)

YES

行前準備

行李打包

行李打包注意事項

建議準備3種包包

▼隱藏式腰包：裝大面額鈔票(鈔票記得裝入信封或保護袋，以免過度折損，可能導致驗鈔機無法辨識)。不建議使用腰帶式腰包，因體積較大、目標明顯，容易遭鎖定而成為竊賊下手的對象。

季節衣著提醒

1～3月：從早到晚都很冷，最好是穿厚衛生衣加厚外套，怕冷的人需要準備帽子、手套或耳罩。這時期最容易下雨，記得隨身帶把輕便雨傘。可用洋蔥式穿衣法，因為室內多有暖氣，可方便穿脫。

4～6月：雖然寒冬漸遠離，但此時早晚溫差較大，因此需注意保暖，千萬不要看到蔚藍的天空與陽光就掉以輕心。在4、5月時仍建議穿衛生衣加毛衣或襯衫，外套可著風衣或薄外套。

7～9月：此時期是長達3個月的好天氣，氣溫相當高，因此著短上衣及短褲加涼鞋是最消暑的選擇。當然，若旅遊地點需要爬坡，則建議著止滑功能的運動鞋並因地制宜著長褲。帽子、墨鏡、防曬用品及水是不可或缺的，也必須預防中暑。

10～12月：初秋的天氣較不穩定，氣溫變化大，要注意查詢往後幾天的氣象，並增減衣物。11月後會持續變冷，建議穿長袖衛生衣並隨身攜帶外套。

▶行李箱：可裝民生物品及較重的東西，拖拉式比較方便。有分可隨身登機的，與不能登機需託運的，選購時須注意。旅遊要隨時有託運行李有可能會遺失的心理準備，因此隨身行李內的東西要能讓自己在無託運行李的情況下度過1～2夜。

◀素色背包：背包較素色、低調的好處，是較不易成為有心人士的目標。內則裝相機、外套、重要文件備份，在較危險區域可背在前面或將拉鍊上鎖。

通關管制物品須知

●**必須放在手提隨身行李：**
現代人出國必備的一些用品，如行動電源，鋰電池，打火機等，都必須放在手提隨身行李，不可託運。至於相機腳架和自拍棒，如果收合後高度放寬未超過60公分者，可以攜帶上機，否則必須放在託運行李裡面。

●**手提隨身行李禁止攜帶物品：**
液狀物品(100毫升內可在封妥後攜帶)、酒精類、各式刀叉類、牙膏、剪刀、瑞士刀、膠狀物品等。

●**託運及手提行李皆禁止攜帶物品：**
瓦斯、去光水、有毒物品、含水銀之物品、燃點較低之液體、磁鐵、含輻射物品等。

●其他限制物品：

若從歐盟國以外的國家入境希臘，據規定每人最高可進口總價相當175歐元的等值商品貨物，不過一般遊客通常沒有這個問題，但若幫公司行號帶東西或跑單幫就需注意。如需攜帶寵物，則需符合注射疫苗規定，並攜帶寵物護照。若從其他歐盟國進入希臘，基本上沒有什麼海關限制(菸酒需是個人使用，非營利用途)；當然，毒品、武器、核生化原物料、火藥、保育類動物及產品等管制項目皆不能攜入希臘。

行李清單(檢查後打V)

√	物品	說明
	證件/單據/金錢	
	護照、國際駕照	正本及影本，記得分開放好。也可寄到電子信箱或雲端硬碟備份
	大頭照	2張以上
	飯店訂房紀錄、租車預訂紀錄	入住飯店或租車時一般必須出示，最好準備影本備用
	信用卡及影本、現金(歐元)	記得事先通知銀行將可能會在希臘國外使用信用卡
	日常用品	
	太陽眼鏡、防曬油	夏季必備，其他季節亦建議攜帶
	雨具/陽傘	特別1～3月很容易下雨
	針線包	
	水瓶	希臘氣候較台灣乾燥，最好隨身攜帶
	圍巾、手套、帽子	圍巾、手套冬季必備，帽子冬防寒，夏避暑
	紙筆	
	拖鞋	
	護唇膏、護膚乳液	希臘氣候較台灣乾燥，最好隨身攜帶
	牙刷牙膏、手帕／梳子	
	指甲刀、水果刀	不能放在隨身行李登機
	洗髮乳/潤絲精/沐浴乳	
	刮鬍刀(男士)、衛生棉(女士)	
	藥品	
	感冒藥、暈車藥	
	腹瀉/胃藥	
	慢性病藥	
	外傷急救(如OK繃)	
	止癢膏或風油精、白花油	
	維他命	
	個人藥品	
	電子產品	
	相機、攝影機/充電器及電池	
	記憶卡	
	筆記型電腦/充電器及電池	
	轉接插頭及變壓器	
	手機/充電器	

行前待辦事項清單(檢查後打∨)

☐ **護照**
需6個月以上有效的護照，申請約3～4個工作天(見.P30)

☐ **匯兌、購買旅行支票**
見P.37

☐ **國際駕照**
申辦當日領取(見P.31)

☐ **保險**
確認有無足夠旅遊平安保險，若無，建議向保險公司申請

☐ **訂機票**
見P.36

☐ **開通國際提款功能**
見P.38

☐ **證件備份**
重要的證件需影印備份，與正本分開存放。也可寄到電子信箱，或善用手機、數位相機拍照備份(見P.30)

☐ **確認旅行資訊**
出發前1日再次查詢班機、氣候及住宿、租車等，確認事項

指指點點希臘文 Σθπ

應 用 單 字

0／μηδέν／zero
1／ένα／one
2／δυο／two
3／τρία／three
4／τέσσερα／four
5／πέντε／five
6／έξι／six
7／επτά／seven
8／οκτώ／eight
9／εννέα／nine
10／δέκα／ten
20／είκοσι／twenty
30／τριάντα／thirty
40／σαράντα／forty
100／εκατό／one hundred
你／εσείς／you
我／εγώ／I
他／αυτός／he

實 用 會 話

你好
Χαίρετε／Hello

再見
αντιο σας／Goodbye

早安
καλημέρα／Good morning

晚安
καληνύχτα／Good night

請
παρακαλώ／Please

謝謝
ευχαριστώ／Thank you

對不起
συγνώμη／Sorry

不客氣
Είστε ευπρόσδεκτοι／You are welcome

是
Ναί／Yes

不是
όχι／No

很好
πολύ καλό.／Very good.

多少錢？
πόσο?／How much?

這是什麼？
Τι είναι αυτό?／What is this?

在哪裡？
πού είναι?／Where is it?

請幫我寫下來。
Παρακαλώ γράψτε το.
Please write it down.

我的名字是＿＿＿。
το όνομά μου είναι ＿＿＿.
My name is＿＿＿.

你的名字是？
πώς σας λένε?
What is your name?

機場港口篇
Airport & Seaport

了解希臘的國際機場與港口

希臘有眾多機場與出入境港口，本篇介紹最常用的雅典國際機場，與希臘的四大港口，及機場
港口相關設施。更重要的是，如何使用各種交通工具前往市區？並找到最方便適合自己的接駁
方式？這些問題，本篇皆有介紹。

如何前往希臘

　　大部分的旅客是搭乘飛機及船進入希臘。境內最大的機場為雅典國際機場，最主要的港口為派瑞斯港 (Piraeus)及帕德雷港(Patras)。由於希臘與主要歐盟國家並無陸地相鄰(希臘僅與巴爾幹半島的新歐盟 國保加利亞相鄰)，所以若要前往其他歐盟國，皆需乘坐巴士或開車經過巴爾幹半島鄰國，極為不便。自 2011年起，希臘與其鄰國(唯一歐盟國為保加利亞)之國際火車時常因希臘國內因素而暫停服務，可洽官 網查詢最新資訊。網址：www.eurail.com/news/ train-updates/greece-train-update

飛希臘熱門航線

搭飛機

　　雅典Eleftherios Venizelos國際機場，是希臘境內 最主要的國際機場，與雅典市的交通連結相當便 捷，有國道公路、鐵路以及捷運與之相連。除雅 典國際機場外，希臘共有15個大大小小的國際機 場，包括在帖撒羅尼迦(Thessaloniki)、克里特島 (Crete)、科孚島(Corfu)及其他數個小島都有國際機 場，可與他國城市點對點直飛。

希臘民航局網站

提供希臘全境各機場資訊。
首頁點選Our Airports→Airport chart。
http www.hcaa.gr

⁉ 歐盟境內航空旅客權益須知

　　為了保障旅客們的飛航權益，歐盟很早就制定 推動航空旅客基本權益規則，當旅客的某些權益 受損，則有權求償或取得必要協助。有效範圍包 括全歐盟境內，及各國飛入歐盟各機場的第三國 航空器。以下為旅客部分重要權益：

被拒絕登機 若航班被取消或嚴重延誤，或登機 前遺失身分證件、機票超售滿座而被拒絕登機等 原因者，航空公司有責任協助旅客轉搭其他班機 或退費。轉搭其他班機時，航空公司必須提供 食、宿及交通等必要協助；若退費，旅客可依航 程距離，求償125～600歐元不等的賠償。

班機取消求償 除非是因為天災等重大事故，航

空公司有責任於班機起飛14日前通知旅客班機取 消，否則旅客有權依航程距離求償125～600歐元 不等的賠償。此外，航空公司必須提供旅客兩項 選擇：(1)7日內退費、(2)在相同條件下改飛其他 類似航班。

班機延誤求償 在下述延誤情形下，旅客有權要 求航空公司提供食、宿、通訊、交通等服務：(1) 航程1,500公里內，班機延誤2小時以上；(2)航程 1,500～3,500公里內，班機延誤3小時以上；(3) 歐盟境外航程3,500公里以上，班機延誤4小時以 上。若延誤超過5小時，旅客有權要求退費或飛 回原機場。

搭船

在希臘會搭船，通常是往返小島或義大利、土耳其等國家。

希臘全境港口眾多，分布於本島，如派瑞斯(Piraeus)、帕德雷(Patras)；及各島嶼，如羅德島、科孚島(Corfu)、克里特島(Crete)。目前最主要進入希臘領海的航線是由義大利進入，其他也有部分(間接)航線由土耳其(Cesme及Bodrum港)或阿爾巴尼亞(Avlona及Durres港)進入。

希臘主要對外港口為帕德雷(Patras)及伊古邁尼察(Igoumenitsa)港，全年接受來自義大利多個港口的船舶(如威尼斯、Ancona、Bari、Brindizi及Trieste港等)。這些航線的載客量相當穩定，航班固定，許多船設備新穎齊全，有些也能夠開車上船，唯一的缺點是離雅典最近的派瑞斯港並無船舶載客往返義大利及希臘，旅客必須搭車到伯羅奔尼撒半島北方的帕德雷港搭船，較為不便。

希臘各重要港口介紹見P.56，搭船注意事項見P.75。

⁉️ 使用歐鐵聯票(Eurail Pass)可享優惠章

若購買歐鐵聯票搭乘國際船班往返義大利(Ancona、Bari、Ancona等港口)及希臘(帕德雷港、伊古邁尼察港或科孚島【僅夏季有班次】)，可享最多30%的折扣，或其他優惠方案。相關購票資訊及最新優惠查詢：www.eurail.com/en/eurail-passes/one-country-pass/greece

由港口入境重要須知

從港口入境需要查驗護照嗎？搭乘國際船舶的護照查驗規定如下：由於希臘是申根國，因此若搭乘船舶往返義大利與希臘帕德雷及伊古邁尼察任一港口，在未停留其他非申根國港口的情形下，則視同國內航線。因此，旅客毋須接受證照查驗(與往返申根國機場相同)。

行李求償 若因航空公司疏失，造成行李遺失、損毀或延遲送達，旅客有權求償最高1,200歐元之賠償。

行動不便者的福利 歐盟法令規定，殘障或行動不便旅客與其他旅客享有同等待遇。此外，這些旅客在入、出境、轉機及登機期間，享有機場協助及特殊服務。

權益受損怎麼辦？

(1)立即向所搭乘班機航空公司反應(殘障及行動不便相關問題則直接向機場反應)。

(2)若仍對航空公司的處理不滿意，則可向希臘民航機關(Hellenic Civil Aviation Authority)投訴。

權益詳細公告

網址：ec.europa.eu/transport/modes/air_en

希臘民航機關

電子信箱：d1d@hcaa.gr

辦公室名稱：希臘民航機關航空及國際事務組航空經濟科(Air Transport Economics Section D1/D, Air Transport and International Affairs Division, Hellenic Civil Aviation Authority)

地址：P.O.B. 73751, EL - 16604 HELLINIKO

電話：+30-210-8916150

認識雅典國際機場

雅典國際機場(Athens International Airport Eleftherios Venizelos)位於雅典市東南方約27公里處，是到希臘及通往雅典最主要的機場，從機場到市中心有幾種選擇：捷運、火車、機場巴士、計程車及租車。

雅典國際機場網址：**www.aia.gr**

雅典國際機場外觀

善用機場設施

詢問處(Information)

外幣兌換處(Exchange)

藥局(Pharmacy)

行李寄放服務
(Baggage Storage)

機場自動報到櫃檯
(Self checked-in)

購物中心
(Shopping Center)

機場自動報到櫃檯
(Self checked-in)

郵局(Post Office)

吸菸區(Smoking Lounge)

**機場博物館
(Airport Museum)**

展示機場現址出土的文物。

行李推車(Luggage Cart)

每次1歐元，可投幣、插入紙鈔或刷卡。

**行李打包服務
(Baggage Wrapping)**

進機場大門就可看見，有專人協助。

按壓處

飲水機(Drinking Machine)

洗手間(W.C.)

商務中心(Business Center)

有上網及列印等設備。

提供各式的充電插孔

**免費充電站
(Recharging Point)**

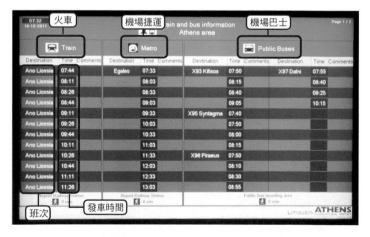

火車　機場捷運　機場巴士

班次　發車時間

!? 希臘的0樓是國內的1樓

　　希臘的地面層是以0樓表示，1樓表示第二層，2樓是第三層，以此類推，所以記得要弄清楚是第幾樓，以免造成誤會。

台灣		
四樓 — 3	Υπηρεσίες Services	Jat Airways *** Alitalia
三樓 — 2	Υπηρεσίες Services	BRITISH AIRWAYS
二樓 — 1	Αναχωρήσεις Departures	Έλεγχος Εισιτηρίων Check in Counters / Εκδοτήρια Εισιτηρίων Ticket Sales Counter
一樓 — 0	Αφίξεις Arrivals	Απωλεσθέντα αντικείμενα Lost Property / Airport Business Center

轉機至雅典步驟

台灣沒有直航飛往希臘的班機,所以飛抵希臘前,會有中途轉機地(各家航空公司轉機地點不同)。
以下轉機步驟,以新加坡樟宜機場為例。

Step 1 先至正確航廈轉機

各航廈間之接駁列車

Step 2 查詢轉機資訊,確認登機門

轉機資訊看板

Step 3 抵達登機門,確認班機資訊

航空、班次與起飛地點

Step 4 等待登機

入境希臘步驟

Step 1 沿著指標走

出機門依循領取行李(Baggage Claim)的指標方向走。

領取行李方向

Step 2 護照查驗

希臘不用填入境單,備妥護照即可,其他相關文件可備著(見P.31),不用拿出來;海關一般不會問什麼問題。

Step 3 領取行李

在提領行李處會有電子螢幕,顯示搭乘航班的編號及行李轉盤的號碼。先查詢到行李轉盤編號,再找到轉盤位置,就可以在旁邊等行李了。

行李轉盤編號

提領行李處(Baggage Claim)

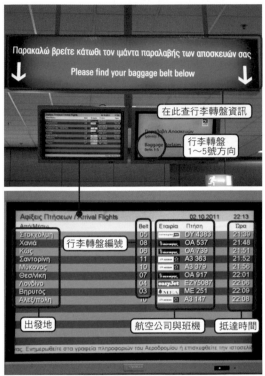

Παρακαλώ βρείτε κάτωθι τον ιμάντα παραλαβής των αποσκευών σας

Please find your baggage belt below

在此查行李轉盤資訊

行李轉盤 1~5號方向

Αφίξεις Πτήσεων / Arrival Flights		02.10.2011		22:13
Από/Μέσω	Belt	Εταιρία	Πτήση	Ωρα
Στοκχόλμη	05	DY	DY 4383	21:39
Χανιά	08		OA 537	21:48
Κως	06		OA 739	21:51
Σαντορίνη	11		A3 363	21:52
Μύκονος	10		A3 379	21:56
Θεσ/νίκη	07		OA 917	22:01
Λονδίνο	04	easyJet	EZY5087	22:06
Βηρυτός	03		ME 251	22:09
Αλεξ/πολη	10		A3 147	22:08

行李轉盤編號

出發地 　　航空公司與班機 　　抵達時間

ας. Ενημερωθείτε στα γραφεία πληροφοριών του Αεροδρομίου ή επισκεφθείτε την ιστοσελί

在螢幕上找到你班機的行李轉盤號碼,至對應號碼行李轉盤區,等候自己的行李

Step 4 通關

無申報物品者,走綠色走道。

⁉ 務必檢查護照上的入境章

入關後在護照查驗處務必檢查移民官有無在護照上蓋上日期清楚的入境章,以免出境時移民官找不到入境章,而誤以為是非法移民或逾期停留者,徒增困擾(有些移民官較散漫,亂蓋章導致日期看不清楚,筆者就曾經是受害者)。

Steps 入境希臘步驟

1.沿著指標走	➜	2.護照查驗	➜	3.領取行李	➜	4.通關

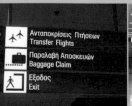

Ανταποκρίσεις Πτήσεων
Transfer Flights

Παραλαβή Αποσκευών
Baggage Claim

Έξοδος
Exit

行李轉盤號碼

若無申報物品走綠色通道

離開希臘出境步驟

Step ① 辦理登機與行李運送

最好在登機(Check-in)前2小時抵達機場較保險。查詢Check-in櫃檯的資訊板，一進入機場出境大廳即可看見。

若時間充裕，一般流程為先退稅(需出示所購商品的實品)→Check-in(掛行李)→登機；若時間較趕，則可向櫃檯請求先Check-in，行李先不送輸送帶，拉去退稅後再把行李拉回Check-in櫃檯放入輸送帶，最後登機；另一方法為，退稅商品皆擺隨身行李，如此就可直接Check-in送走行李了。

在此查詢Check-in櫃檯

Step ② 護照查驗

基本上只要把護照備好即可，移民官員通常會看入境章並看看有無逾期停留，所以可以先確認入境章在哪一頁。

Step ③ 安全檢查

過安全門檢查時，包括液體(最常見為水)及危險物品(如瑞士刀等)皆不能帶。身背物品及外套、身上的金屬配件如零錢、金屬皮帶等皆要拿出來放在檢查籃子中，筆記型電腦要拿出來並打開接受檢查；若在過安檢門前有至免稅店買液體商品，店員包裝好後切勿拆開，否則無法通過安檢門。

Step ④ 候機室等待搭機

抵達正確的候機室後，基本上就等空服人員廣播通知，通常會請商務艙及老人、嬰兒先登機。登機時需出示登機證與護照。

Steps ▶ 離開希臘出境步驟

| 1.辦理登機與行李運送 → | 2.護照查驗 → | 3.安全檢查 → | 4.候機室等待搭機 |

過安檢門
檢查用籃子

如何從機場往返市區

從雅典機場出境後，到市區的方式有好幾種，建議事先查好旅館所在地的交通資訊，再考慮用什麼交通工具最方便到達。以下教你用機場捷運、火車、機場巴士、計程車接駁到市區的方法，並分析各項優缺點，提供大家選擇時的依據。

⁉️ 如何從雅典市區回機場

若住宿地點離捷運站不遠，最方便的方式是搭乘捷運藍線直達機場。也可以選擇搭乘機場巴士，只是耗時較久。若是搭計程車，則最好請旅館協助代叫計程車，雖然會加收叫車費，但卻是比較保險的方法，因為在希臘搭計程車相當不易(見P.92)。

最好的方式是直接詢問旅館櫃檯服務人員，除確認有無罷工外，也請他們了解搭何種交通工具前往機場最適合。

機場接駁方式分析表

交通工具	優點	缺點
機場捷運(P.52)	班次固定，舒適，準時，價格適中，可直接坐到市中心	從機場大廈拉行李到捷運站有一小段距離
火車(P.54)	班次固定，準時，價格適中	從機場大廈拉行李到火車站有一小段距離，而且要去市中心仍需轉捷運
計程車(P.54)	最方便，省時又省力，乘車位置近，就在機場大廈0樓出口	價格最貴，旺季人潮擁擠，常要排隊等車，有些不肖司機會敲竹槓引起糾紛
機場巴士(P.55)	價格最便宜，班次多，乘車位置近，就在機場大廈0樓出口	旺季人潮擁擠，常要排隊等車，拖行李上下車很不方便，到市區時間較久

＊以上資料時有異動，出發前請再次確認。　　　　　　　　　　　　　　　　　　　　　　製表／林少凡

機場大眾運輸工具票價一覽表

交通工具	票價	買票地點
機場捷運及市郊火車 (Metro and Suburban Railway)	**全票**：10歐元(單程) **半票**：5歐元(單程) **3日觀光來回票**：22歐元(含機場來回各一趟，與市區內捷運無限次搭乘，無半票) **註**：除3日觀光來回票以外，全票與半票皆限單次使用，且在刷票後90分鐘內有效	捷運站及火車站售票口
機場巴士 (Airport Express Bus)	**全票**：6歐元(單程) **半票**：3歐元(單程) **註**：限單次使用，刷票後90分鐘內有效	車站前售票亭，上車購票或各捷運站售票口

半票：不分國籍，任何7～12歲兒童，13～18歲青少年男女(須出示證件)，與65歲以上長者(須出示證件)，皆可購買。
免票：不分國籍，6歲以下兒童(包含6歲)可免購票。　　＊以上資料時有異動，出發前請再次確認。　　　製表／艾米莉

機場捷運(Metro)

機場捷運內乞討的吉普賽孩童

機場捷運是藍線(Metro Line 3)的起站,也是由機場前往市區最佳的選擇。每30分鐘一班車,大約35分鐘的車程可以坐到憲法廣場站,約60分鐘可達派瑞斯港(需轉乘不同捷運線)。大多數旅客皆坐到憲法廣場站,因為該站位於市中心,附近觀光景點及飯店眾多。機場捷運車票個人票為單程全票10歐元,半票5歐元。如果計畫自首次刷票時間開始,能夠在3日內(72小時內)來回雅典機場,建議購買3日觀光來回票(3-day tourist ticket),不分全票、半票,票價一律每人22歐元,包括機場－市區來回票各一張,還有3日內在雅典市區的捷運都可無限次搭乘,對觀光客來說,是最省時省力又方便的選擇。

機場捷運窗上貼有飛機形狀貼紙

購買來回票小提醒

如果計畫停留雅典時間超過3日以上,就必須將機場來回與市區內捷運票分開購買。機場來回可選擇捷運或火車,單程10歐元(半票5歐元),或巴士單程6歐元(半票3歐元)。進入市區後,再看個人預計停留天數與安排前往地點,來計算是要買1次1.4歐元,2次2.7歐元,5次6.5歐元,11次13.5歐元的依次計算票,還是24小時內可無限搭乘的4.5歐元1日票,或5日內可無限次搭乘的9歐元5日票。

如何使用售票機

觸控式螢幕
投幣孔
紙鈔
取票口

Step 1 買票機點選英文介面

選擇票種
選擇語言

Step 2 點選票種

Step 3 投入硬幣或紙鈔

Step 4 下方取票口取票

機場捷運搭乘步驟教學

Step 1 查看車班抵達時間

售票大廳往月台處有資訊看板。

- 發車時間
- 終點站
- 月台號碼
- 車次
- 2號月台為機場捷運月台
- 1號月台為機場火車月台

Step 2 購票

人工售票口或售票機買票。向售票員購票時，可說要買全票、半票、還是3日觀光來回票，還有總共要幾張，然後付款拿票即可。

Step 3 搭車前至刷票機刷票

一律上車前刷票(刷票後會顯示日期、時間)，否則被查票員查到會被罰款。刷票機在售票大廳進入月台入口處，很明顯。

Step 4 至月台等候上車

月台兩側分別停靠捷運、火車，請記得要看清楚指標，在標示「Metro」那側候車。上車後，每一站都會有廣播，也有跑馬燈顯示，此外，到達每一站時，牆上皆會標示斗大的站名，因此不用怕坐錯站；若過站，則只要原線反方向搭回即可，不用擔心。下車後直接出站即可，不用繳回車票。

在標示Metro那側候車 ← Μετρό Metro

如何從機場走到機場捷運站

從機場大廈1樓出境大廳層出去(希臘的1樓即我們的2樓)，過馬路後沿指標進空橋走道，即可達機場捷運及火車售票大廳，購票、刷票後搭乘電梯或手扶梯下0樓(即地面層，我們的1樓)即可抵達。

需注意的是，機場捷運及火車站共用月台，但在不同側，所以要看一下指標，不過不用擔心，從外觀就很容易分得出來火車與捷運的不同，所以不太會坐錯。

市郊火車(Suburban Railway)

機場的火車與捷運位於同一個月台(不同側)，每30分鐘一班，若要到雅典市中心必須先搭至Nerantziotissa站，然後轉搭捷運至市區，所以除非要去的地方搭火車較方便，否則一般會選擇捷運。機場火車票與機場捷運票價相同，單程全票10歐元，半票5歐元，3日觀光來回票22歐元，票價還是有可能隨時變動，建議出發前先上網查詢。網址：www.trainose.gr

火車搭乘步驟教學

與機場捷運搭乘步驟相同(見P.53)，只是捷運、火車在同一月台不同側上車，務必看清指標後，在「Suburban Train」一側上車，車身螢幕會顯示目的地。機場捷運與火車的購票地點也一樣，在售票大廳。

在Suburban Train一側上車

計程車

機場有專屬的計程車候車區，位於入境大廳(希臘0樓，即地面層)第2、3號出口外，位置明顯不難找，旺季人多時需排隊，依序坐計程車，通常會有警察指揮，所以乘車秩序大致良好。

計程車花費高，但也不失為一個方便的選擇。基本上司機必須依下面的價目表收費，但若目的地較遠或較難找，可能會多收一些費用，最好準備好零錢，否則有些不肖司機會在找零時趁機敲竹槓。市區搭乘計程車教學見交通篇。

此地圖上的地方，皆依此價格收費

垃圾桶

菸桶

機場至熱門目的地計程車價目表

起站	目的地	日間 05:00～24:00	夜間 00:00～05:00	車程約需時間
雅典國際機場	雅典市中心	38歐元(固定票價)	50歐元(固定票價)	25～35分鐘
	派瑞斯港(Piraeus)	45歐元(固定票價)	60歐元(固定票價)	45～55分鐘
	瑞費納港(Rafina)	35歐元(無固定票價，此為約估)	50歐元(無固定票價，此為約估)	20～30分鐘

＊所需時間及價錢可能因交通狀況(塞車、罷工)、是否有大件行李及國定假日等因素而有差異。

製表／艾米莉

機場巴士(**Airport Express Bus**)

機場巴士站位於入境大廳(希臘0樓,即地面層)第4～5號出口之間,位置明顯不難找,上車前要先買票,不管哪一個路線,都是單程全票6歐元,半票3歐元(6～18歲或65歲以上長者,或出示大學學生證與護照雙證件),6歲以下(含6歲)兒童免費。上車前可詢問要去的地點搭哪班車最近;買票後排隊上車。小技巧:旺季人多時,若二人以上同行,則可一人排隊買票,另一人排隊等車,如此分頭進行可節省時間。搭乘公車(X95車班)到憲法廣場約需45～50分鐘,另有不同公車到不同的目的地。如X93到公車中央轉運站,X96到派瑞斯港(Piraeus),X97到Dafni捷運站。這4條路線的公車皆為24小時營運。

車班號碼　出發及目的地

機場巴士搭乘步驟教學

Step 1 ### 查看巴士抵達時間

在入境大廳層可看到機場巴士資訊看板(看板解析見P.47)

Step 2 ### 機場巴士售票亭購票

1張單程票6歐元。

Step 3 ### 搭車

巴士內部有置放行李的區域。旺季人多時,行李可能會堆來堆去,因此要注意看好保管,勿拿錯。

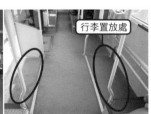

行李置放處

Step 4 ### 上車刷卡

票卡冊須繳回。務必記得要刷票卡,並請妥善保管,以免被罰款。

刷票處

官網針對售票機的說明(www.athenstransport.com)

Step 5 ### 按鈴下車

若非搭到終點站,則必須問司機哪一站下車,否則容易坐過站。

認識希臘港口

除了搭機前往希臘，希臘也有許多港口可由其他國家搭船入境，或出境前往他國，但通常極少有旅客選擇搭船，因為除了費時外，舒適度也不如飛機，價格亦不便宜。這裡介紹幾個較大的港口。

登船口標誌

派瑞斯港(Piraeus)

派瑞斯港是希臘主要的港口，同時也在旅客使用率方面，是歐洲第一、世界第二大的港口，每年有2千萬人次使用此港口。一般而言，派瑞斯港主要與境內各小島航線為主，少部分可由土耳其或塞浦勒斯(目前無直達航班，皆需由希臘小島轉乘)等國家搭船入境希臘。

如何從派瑞斯港到雅典市區

由各愛琴海小島至派瑞斯港者，抵達派瑞斯港後，可直接轉乘捷運Piraeus站到雅典市區，或X96巴士直達機場。注意：在港口內盡量避免搭計程車，因為容易被收取過高的費用，若行李過重，可使用港口內的免費公車。

港口公車免費接駁巴士

派瑞斯港內有免費接駁巴士，起站設於E5閘門，可往返閘門E7及E1之間。

港口資訊這裡查

派瑞斯港(Piraeus)
網址：www.olp.gr/en
電話：14541、(210)414-7800(詢問船班資訊)、(210)417-2675(港口警察)

帕德雷港(Patras)
網址：www.patrasport.gr
航班資訊：patra.adrion.gr(或播打14940客服專線查詢)
電話：帕德雷港管理處：(2610)365-135
警察局：110
觀光警察：(2613)615-400

瑞費納港(Rafina)
網址：www.rafinaport.gr
電話：22940-22840
交通：由機場到瑞費納港可在雅典國際機場的Sofitel Hotel前搭巴士，往Rafina方向

伊古邁尼察港(Igoumenitsa)
網址：www.olig.gr
電郵：olig@olig.gr
電話：26650-99300

國際海運公司及國際船班查詢
各家海運公司網站連結：www.gtp.gr/ShipCompanies.asp?International=0
各家海運公司及船班資訊：www.ferries.gr
查詢國際船班資訊：www.paleologos.gr/intstep1.asp
查詢船班及訂船票網站：www.ferries.gr(直接可從下拉式選單中，選擇計畫出發與抵達的港口和國家)

派瑞斯港

＊以上資料時有異動，以官方最新公告為準。

善用港內設施

旅客休息室
(Traveler's Lounge)

公共廁所(Toilet)

港口公車站(Bus station)

計程車候車區
(Taxi Waiting Area)

船班資訊版
(Information Board)

港口警察(Port Police)

天橋(Overpass)
連結港口及捷運站

免費接駁巴士
(Free Shuttle Bus)
派瑞斯港內有免費接駁巴士，總站
設於E5閘門，可往返E7及E1之間

派瑞斯港主要登船口及目的地一覽表

製表／艾米莉

登船口／閘門	目的地
Gate E1	**Dodekanisa群島**：羅德島、Patmos、Kalimnos、Kos、Leros、Karpathos、Tilos、Ksaaos
Gate E2	克里特島(Crete)、Chios、Mytilene、Ikaria、Samos
Gate E3	克里特島(Crete)、Kithira、車輛出入口
E4	Kithira、車輛出口
E5	港口免費接駁巴士總站(PPA Bus Terminal)、行人出入口
Gate E6	**西Cyclades群島**：Sifnos、Kythnos、Milos、Kimolos、Sikinos、Rethimno、行人天橋、行人專用出入口
Gate E7	**東Cyclades群島**：聖多里尼(Santorini)、米克諾斯(Mykonos)、納克索斯(Naxos)、Syros、Paros、Tinos、Amorgos、Los、Rethimno
Gate E8	Argosaronicoss
Gate E9	Cyclades群島、Samos、Ikaria
E10	Cyclades群島、Samos、Ikaria、車輛出口
E11，12	遊艇、遊輪專用(Terminal A與Terminal B)

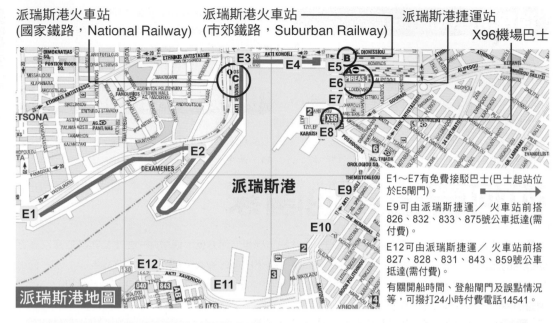

派瑞斯港火車站
(國家鐵路，National Railway)

派瑞斯港火車站
(市郊鐵路，Suburban Railway)

派瑞斯港捷運站

X96機場巴士

派瑞斯港地圖

E1～E7有免費接駁巴士(巴士起站位於E5閘門)。

E9可由派瑞斯捷運／火車站前搭826、832、833、875號公車抵達(需付費)。

E12可由派瑞斯捷運／火車站前搭827、828、831、843、859號公車抵達(需付費)。

有關開船時間、登船閘門及誤點情況等，可撥打24小時付費電話14541。

帕德雷港(Patras)

由希臘搭船出境最常前往的國家為義大利，必須在伯羅奔尼撒半島的帕德雷港搭乘。因此帕德雷港是希臘進出歐盟的門戶，也是希臘西部最重要的國際商港，隨著新港口(南港口)的啟用，帕德雷的南、北港口將在地中海扮演重要角色。

另外，義大利Brindisi及Ancona港口至帕德雷港，是一條相當熱門的國際航線(Adriatic海線)。因此許多旅客將車子開上船，抵達義大利或希臘後可直接旅遊，國內背包客也有依此路線進行希臘、義大利之旅遊。

如何從雅典市區往返帕德雷

前往帕德雷最好的方式，是至雅典市長途巴士A總站，搭乘往帕德雷的長途巴士，再至港口轉搭國際船班。另一種方式是洽詢訂購船票的公司，有時他們有提供專車接駁服務，價格則依各家公司方案而定。

從帕德雷港至雅典市區最方便的方式，仍是搭乘長途巴士，單程票20.7歐元，4歲以下孩童與行動不便者10.4歐元，學生票(須出示證件)15.5歐元，購買來回票可享小額折扣，金額依當場公告為主。平均每30分鐘～1小時有一班車，每日都有發車，班次還算密集。

義大利國旗

停靠帕德雷港的義大利船舶

瑞費納港(Rafina)

為大雅典地區僅次派瑞斯港的周邊港口,為國人旅遊常用的國內港,距離雅典國際機場14公里、雅典市區35公里,主要提供前往愛琴海北部小島服務(包括Mykonos、Naxos、Paros、Syros、Andros、Tinos)。不過,冬天有些航線停駛,要先上網或向旅行社查清楚。

瑞費納港附近有一些提供小島旅遊服務的旅行社,如:Mamalis Travel,電話:+30 2294-028-111。

往返瑞費納港可從機場對面Sofitel飯店前站牌搭乘巴士,或由雅典市區近郊巴士站搭乘巴士(上車購票)。

伊古邁尼察港(Igoumenitsa)

為國際港,大部分自帕德雷港出發前往義大利的船,會在此停靠。

如何轉往其他國家

最方便的方式是搭飛機,因為航程時間短、前往國際機場交通方便。旺季時一些小島與其他國家亦有點對點的服務,因此也可直接從小島機場出境希臘,淡季時航班較少。第二種方式是搭國際船班,費用比搭機便宜,但耗時長(通常要過夜)、前往港口不便。目前最方便的方式,是由雅典搭乘長途巴士前往帕德雷的港口,再搭船前往義大利。

指指點點希臘文 Σθπ

單字類

海關申報單/τελωνειακό έντυπο δήλωσης/customs declaration form

免簽證/χωρίς θεώρηση/visa free

觀光/τουρισμός/tourism

護照/διαβατήριο/passport

登機(船)證/κάρτα επιβίβασης/boarding pass

詢問處/γραφείο πληροφοριών/Information desk

匯率/συναλλαγματική ισοτιμία/exchange rate

入境/άφιξη/arrival

出境/αναχώρηση/departure

巴士站/σταθμός λεωφορείων/bus station

捷運/μετρό/metro

時刻表/χρονοδιάγραμμα/time table

警察局/αστυνομικό τμήμα/police station

遺失物招領/απολεσθέντα/lost and found

超重/υπέρβαρος/overweight

購票處/γραφείο εισιτηρίων/Ticket office

洗手間/τουαλέτα/toilet

實用會話類

我需要協助。
Χρειάζομαι βοήθεια. / I need help.

我們入境希臘不用簽證。
Δεν χρειάζεται βίζα για να εισέλθουμε στην Ελλάδα.
We don't need a visa to enter Greece.

我沒有東西要申報。
Δεν έχω τίποτα να δηλώσω.
I don't have anything to declare.

捷運站在哪裡?
όπου είναι ο σταθμός του μετρό/λεωφορείου;
Where is the metro/bus station?

火車站在哪裡?
Που είναι ο σταθμός των τρένων;
Where is the train station?

請問詢問處在哪裡?
Πού είναι το γραφείο πληροφοριών;
Where is the information desk?

請問失物招領處在哪裡?
Πού είναι το γραφείο απολεσθέντων;
Where is the lost and found?

住宿篇
Accommodation

在希臘旅行，有哪些住宿選擇？

來希臘旅行就是要有個難忘的浪漫之旅，這裡多元的住宿選擇，充滿得天獨厚的特殊風格，一定要好好體驗！如何找到喜歡的住宿種類、符合預算，還要有好View？本篇教你挑選合適住宿、訂房，並認識住客權益及各項提醒，讓你輕鬆搞定住房，不吃悶虧。

洞穴屋 冬暖夏涼

　　希臘小島最著名的就是洞穴屋，顧名思義就是將山壁較鬆軟處鑿洞而居，冬暖夏涼，又能有效遮風避雨，是相當有特色的居住環境。

01

02

03

01餐廳也是在山壁之中／**02**洞穴屋內可見岩石層裸露在外／**03**從窗內望出去是美麗的海景／**04**旅館的自助式早餐相當豐盛／
05藍白風格旅館房間與其前面泳池／**06、07**藍色泳池與湛藍海天同成一色，景致相當美妙

藍白風住宿 水天一色好放鬆

　　最為世人所知的住宿就是希臘小島藍白風格的特色住宿，以白色建築加上藍色泳池為標準配備，尤以聖多里尼最知名；無論是住五星級飯店或是三星級旅館，只要有藍白風格，就能開始享受希臘小島風情。

04

05

自然環保風格旅館 原木溫馨建築

希臘許多旅館也走自然風，採用大量原木當建材，讓房間感覺相當溫馨。

01屋頂皆以原木搭建而成，並採用自然光，減少電力的使用，相當環保／02以原木建成的旅館外觀，在夜晚燈光映照下特別有氣氛／03希臘許多旅館的早餐皆相當豐富／04露台一隅／05房間門前就是超大泳池／06後門打開是極大的露台，可在此一邊看夕陽、海景一邊用餐

*Villa*式公寓 獨棟別墅度假趣

在小島相當流行此類住宿方式，別墅內設施齊全，除了有泳池外，離海邊也很近，房間內也有廚房及冰箱可供下廚煮飯，省錢又健康，相當適合中、長期住宿者，也適合家庭、夫妻來度假。

01聖多里尼旅館泳池的美麗夜景(圖片提供：Europress Media Group)／02普拉卡區內二～四星級旅館選擇多樣，可以好好比較選擇一番／03雅典希爾頓飯店全景／04聖多里尼知名的洞穴旅館(圖片提供：Europress Media Group)／05洞穴屋旅館

多元選擇的星級旅館

從三星至五星級的現代化管理旅館。許多高級旅館皆臨海而建，是希臘住宿最大的特色。且房間附有超大露台，可在露台消磨度假時光，因為海景及陽光是在希臘愛琴海旅遊不可缺少的部分，尤其是在小島住宿旅遊時，更必須利用機會體驗悠閒的希臘生活；若在城市內住高級旅館，則必須選擇夜景好的房間，如在雅典則必須能看到衛城，因為衛城在夜間會打上美麗的燈光，充滿異國情調。

若要花大錢訂星級旅館，最好事先在電話或電郵中告知想要的房型及方位，確認是否面海，採光通風是否很好，是否有露台，是否安靜等。最後一招是抵達飯店入住前先要求看一下房間，若不滿意立即請飯店換房，如此便有機會花同等的錢但選擇最好的房間。

06

旅館星等分類

　　希臘旅遊活動興盛，旅館數量相當多。所有註冊有案的旅館都被希臘國家觀光組織依等級分類，以往是以L(Luxury)、A、B、C、D來分類，現今舊式分類已不用，改以各國家通用認可的星級方式來分類。以下為各等級旅館的標準(資料來源：希臘國家觀光組織)。

★★★★★：房間與公用區域寬敞，裝飾華麗且具有特色，餐廳及設施完備齊全。

★★★★：房間寬敞舒適，公共區域裝飾高級，餐廳及設施齊全。

★★★：房間中檔裝潢且舒適，有餐廳及必要之公共設施。

★★：房間附有必要家具及相關設施。

★：附簡單家具的房間，大部分為共用房間或通鋪。

06五星級Grecotel位於雅典市郊蘇紐岬海邊附近，每年僅在5～10月營業半年／07聖多里尼知名的洞穴旅館(圖片提供：Europress Media Group)／08雅典市中心最豪華的3家五星級旅館，右至左依序為Hotel Grande Bretagne、King George及NJV Athens Plaza，擁有絕佳的視野景觀，卻長年飽受市中心抗議及罷工之苦／09普拉卡區內二～四星級旅館選擇多樣，可以好好比較選擇一番

07

08

09

01希臘民宿的臥房相當乾淨整齊／02、04較具規模的民宿大多提供早餐／03有些小島上的民宿附有游泳池

充滿人情味的希臘民宿

大多提供早餐及房間整理，有些附有餐廳及吧檯等設施。若在希臘本島內地旅遊，建議可選擇民宿居住，因為這類民宿大多由在地居民營業，可以充分連結體驗當地生活，且民宿老闆對當地資訊最了解，可以在聊天中詢問該地的旅遊資訊或各種疑難雜症，幫助頗多，唯獨語言溝通方面恐怕是個問題。

我最好的民宿體驗是冬天在梅特歐拉山下住宿，該間民宿裝潢具希臘傳統特色，老闆用剛砍好的木材在大廳燒著爐火，送上熱騰騰的咖啡及點心，溫暖了剛從皓雪中脫困而出，全身濕寒的我們。民宿老闆自己養的貓咪則懶懶地臥在火爐旁，相當有異鄉中最好的歸宿之感。

備妥即時翻譯機小提醒

在希臘，觀光地區的景點、餐廳、飯店等服務業工作人員，甚至路邊攤商、小販，幾乎都能夠用流利的英語與觀光客交談，但較為偏離市區，或非觀光地區的希臘人，英語程度普遍沒那麼高，想跟當地人熱絡交談，恐怕得先學會希臘文，或使用即時翻譯機溝通，應該會更為簡單。

01、03客廳配有電視、DVD及音響等設備／02出租公寓提供
完整的廚具、炊具及鍋碗瓢盆

出租公寓

包括出租公寓、套房或別墅等型式，僅提供房
間，無其他任何固定服務。特色是所有日常
用品及設施一應俱全，只要自備必要的盥洗用具，
並購買食材回來自己煮飯，即可輕鬆入住。且大部
分皆提供網路，就像住在家裡一樣。適合想要省預
算在住宿上面，或較獨立的旅行者，因為最主要差
別是要自己準備餐點，而且一般沒有游泳池、健身
房等旅館設施可供使用。

此種出租公寓短期或長期皆有，最短一般要租3
天以上，但有些必須要租一週以上才行，視各家規
定。水電費已含在費用當中，不用另外付。

經濟實惠的青年旅舍

提供背包客、青年或具學生身分的旅客，極實惠價格的住宿地點(非上述身分
旅客也可訂房，價格通常會略貴)，只是有時必須要與他人共用一間房或使
用公共浴室。希臘部分旅館接受青年旅館卡(Hostelling International Card)、國
際青年旅遊卡(IYTC)、國際學生證(ISIC)及歐洲青年卡(European Youth Card)等
等，但最好事先詢問清楚，確認卡片類別及折扣內容後再訂房，以免衍生爭議。

希臘青年旅舍一覽表

雅 典

The Student & Travellers Inn

網址：www.studenttravellersinn.com
電子信箱：info@studenttravellersinn.com
地址：16 Kydathineon, Plaka, Athens 10558, Greece
電話：(210)324-4808、324-8802
傳真：(210)321-0065

Athens International Youth Hostel

網址：www.athens-international.com
電子信箱：info@athens-international.com
地址：16 Viktoros Hugo Str.,104 38 Athens, Greece
電話：(210)523-2540
傳真：(210)523-2540

Athens Backpackers

網址：www.backpackers.gr
電子信箱：info@backpackers.gr
地址：12, Makri street, Makriyanni, Athens, Greece
電話：(210)922-4044

Pagration Youth Hostel Athens

網址：pagration-youth-hostel.hotelsathens.org/en
電子信箱：y-hostels@otenet.gr
地址：75 Damareos Street, Athens 11633, Greece
電話：(210)751-9530
傳真：(210)751-0616

古 代 奧 林 匹 亞

Olympia Youth Hostel

地址：18 Praxitelous Kondyli Street, Olympia,
Peloponnese, Greece
電話：(262)402-2580
傳真：(262)402-2580

P A T R A

Patras Youth Hostel

網址：www.patrasrooms.gr
電子信箱：spyrosrooms2004@yahoo.gr
地址：62 Heroon Politechniou Street, Patra, Greece
電話：(261)042-7278
傳真：(261)045-2152

克 里 特 島

Rethymno Youth Hostel

網址：www.yhrethymno.com
電子信箱：info@yhrethymno.com
地址：41, Tobazi Street, Rethymnon 74100, Greece
電話：(283)102-2848

Youth Hostel Plakias

網址：www.yhplakias.com
地址：74060 Ag.Vassilios, Rethymno, Crete, Greece
電話：(283)203-2118
傳真：(2832)031-939

聖 多 里 尼

Youth Hostel Oia

網址：www.greece.com/hotels/Cyclades/Santorini/
Youth_Hostel_Oia.html
地址：Santorini Island 84702, Greece
電話：(228)607-1465

Grande Murano

網址：www.grandemurano.com
地址：25 Martiou, Thira 84700, Greece
電話：(228)603-6167

Youth Hostel Anna

地址：Perissa GR-84703 Santorini, Greece
電話：(228)608-5401

＊以上資料時有異動，以官方最新公告為準。

製表／林少凡、艾米莉

如何選擇合適旅館

　　希臘除了每年吸引數以百萬計的遊客前來旅遊，近年來更成為世界上熱門的會議觀光地點，所以當地住宿選擇相當多樣且品質優良。根據官方統計，希臘全境約有近9千家的旅館，有高達35萬間房間，這還不包括2千5百多間民宿及3百多個露營區，數量相當龐大，因此，來希臘旅遊得先好好比較、選擇最適合自己的旅館。

善用訂房網站

　　在希臘，住宿價格與地點並不成正比，亦即，即使預算不多、只能住等級較低的房間，也不代表會遠離市中心；反之，住五星級飯店不代表就住在市區，有可能是在交通極為不便的郊區海邊。因此，在希臘選擇住宿地點，必須要依自己旅遊需求做整體考量。最好的方式之一，便是利用訂房網站的條件過濾功能來訂房，並上網看其他旅客的網路評語如何，再做選擇。

訂房網站這裡查

Hellenic Chamber of Hotels
找旅館的實用網站(希臘旅館商會提供)。
http www.grhotels.gr/EN

Tripadvisor
提供客觀公正的飯店評價、飯店推薦、民宿評論及比價服務。
http www.tripadvisor.com.tw

Agoda
http www.agoda.com

Guest Inn
提供環保住宿、綠色住宿等強調大自然的住宿地點。
http www.guestinn.com

Hostelling International
http www.hihostels.com

Travel Cuts
http www.travelcuts.com

Booking.com
http www.booking.com

Airbnb
近年來，許多來希臘自助旅行的遊客也喜歡利用Airbnb訂房，好處是可以依據自身預算、偏好、房型及網友評語等功能選擇適合自己的房型，相當方便。
http www.airbnb.com

訂房步驟教學

Step 1 進入網站首頁： 在網站左方選單點選「線上訂房(Book Online)。

Step 2 選擇住宿期間

Step 3 選擇房屋物件

Step 4 確認相關資訊及規定

Step 5 填寫個人資料

Step 6 付費： 需使用Paypal，可一次付全額或先付70%，剩餘用現金支付。

訂房小提醒

雙人房： Double Room 及Twin Room都是雙人房之意，但前者是指一張雙人床，後者是指2張單人床，必須要看清楚。

列印訂房紀錄： 網路訂房最好事先列印訂房紀錄，並在Check-in時出示，以免到現場發現櫃檯找不到紀錄，或旅館作業疏失讓房間被其他旅客訂走。

＊以上資料時有異動，以官方最新公告為準。

住宿注意事項

住客權益須知

　　以下為希臘消費者權益組織網站(EKPOIZO)的官方資料，若飯店業者未符合下列規定，可請住宿飯店立即改進。

希臘消費者權益組織：www.ekpizo.gr/en

旅館

❶ 沒有所謂的公定價，旅館有權自由調整房間價格，但房間價格必須張貼在房間內。

❷ 旅館內設施必須與所廣告的一致。

❸ 旅館有權要求事先支付25%的住宿費用。

❹ 若要縮短住宿期間，需提前向旅館取消訂房，則可不必支付取消天數的住房費。但若未及時取消，則旅館有權要求訂房費用的一半。

❺ 旅館必須在住宿前3天內以電子郵件或傳真確認房客是否如期進住。

❻ 若訂房只有雙方口頭答應而無任何書面確認文件，則該訂房則只能保留1天。

❼ 房客必須在離開旅館當天中午12時前退房；如果續留至當日下午6時，則旅館有權額外索取50%的住宿費用。

旅館通則小提醒

以上規定只是通則，訂房時還是要看清楚每家旅館、飯店、青年旅舍各自的訂房、收費、入住、取消等規定，以免到時出現爭議。

出租房間(如公寓或民宿)

❶ 必須張貼希臘國家觀光組織(the Greek National Tourist Organization)核准的標章(EOT license)，以示合法。

❷ 必須提供基本的電器設備，如冰箱、電爐、廚具等。

❸ 必須有足夠照明。

❹ 必須提供乾淨的床、被單及毛巾。

❺ 價格由業主決定，但必須張貼於房間內。

住宿提醒

旅館多不提供盥洗物品：希臘許多旅館不提供盥洗物品(牙刷、牙膏、洗面乳等)及室內拖鞋，最好事先與旅館確認，否則要自備。

房款費用：一般皆在Check-out時付房款，但若是在網路上預訂房間，要記得確認旅館有無從信用卡收取若干訂房費用，以免多付，且有些旅館會在退房時收取城市飯店稅，每房約1～5歐元不等。

重要物品隨身攜帶：雖然希臘治安大致良好，但重要文件(護照等)最好隨身攜帶，若放住宿地點，最好能鎖在保險箱。

幼兒同行：建議事先請旅館準備嬰兒床(Baby Cot)及熱水壺。

五星級旅館提供完整的盥洗物品，不須自備

自備飲水：許多旅館不提供水，由於小島的自來水鹽分較高，多無法生飲，故最好在白天時先至超市或書報攤(Kiosk)買大瓶礦泉水備用。

冰箱付費食品：

冰箱內的東西一般要付費，不過有些旅館是免費提供，因此在使用冰箱的東西前要先問清楚。

留意門禁時間： 有些民宿晚上並非24小時皆有人服務，若有急事則要打老闆或相關人員的手機或電話。且有些有門禁時間(Curfew)，因此要先問清楚。

指指點點希臘文 Σθπ

單字類

被子／κουβέρτα／blanket
毛巾／πετσέτα／towel
拖鞋／παντόφλα／slipper
熱水／ζεστό νερό／hot water
枕頭／μαξιλάρι／pillow
面紙／χαρτομάντιλο／tissue paper
轉接插頭／προσαρμογέας／adapter
吹風機／στεγνωτήρας μαλλιών／hair dryer
燈泡／λάμπα／light bulb
熱水器／βραστήρας／water boiler
接待處／υποδοχή／reception
單人房／μονόκλινο δωμάτιο／single room
雙人房／διπλό δωμάτιο／double room
牙刷／οδοντόβουρτσα／toothbrush
牙膏／οδοντόπαστα／toothpaste
洗髮精／σαμπουάν／Shampoo
鑰匙／κλειδί／Key
較便宜／πιο φθηνα／Cheaper
押金／κατάθεση／Deposit

實用會話類

住一晚多少錢？
Πόσο κάνει το δωμάτιο για ένα βράδυ ？
How much is the room for one night?

有無提供早餐？
Συμπεριλαμβάνεται το πρωινό ？
Is breakfast provided?

請給我轉接插頭。
Παρακαλώ δώστε μου έναν προσαρμογέα.
Please give me an adapter.

請給我熱水壺。
Παρακαλώ δώστε μου ένα βραστήρα.
Please give me a water boiler.

房間電燈壞了。
Η λάμπα στο δωμάτιο είναι καμμένη.
The light bulb in the room is broken.

最近的超市在哪裡？
Πού είναι το κοντινότερο σούπερ μάρκετ ？
Where is the nearest supermarket?

房內有哪些東西是免費的？
Παρέχεται κάτι δωρεάν στο δωμάτιο ？
Is there anything free of charge in the room?

請多給我一條被子。
Παρακαλώ δώστε μου μία ακόμη κουβέρτα.
Please give me one more blanket.

還有空房嗎？
έχετε διαθέσιμα δωμάτια ？
Do you have any rooms available?

退房是幾點？
Ποια είναι η ώρα αναχώρησης από το δωμάτιο ？
When is check-out time?

交通篇
About Transportation

希臘內外走透透，該用什麼交通工具？

本篇介紹希臘境內及雅典市區的各種交通工具及優缺點分析，幫助你找到合適自己的交通工具，充分掌握旅遊期間交通資訊。

希臘境內交通工具

希臘境內交通工具包括飛機、船、火車(國鐵)、長途巴士等,可依旅客之不同需求,利用各交通工具進行長距離之旅行,抵達希臘境內各個城市或小島。

飛機 (Airplanes)

希臘全境共有35個國際及國內機場,飛往各大城市及小島,因此飛機是希臘旅遊相當普遍的交通工具。搭乘飛機的優點是快速方便,節省旅程時間,但最大的缺點是票價昂貴;若時間允許、想省錢的話,可選擇搭巴士至各城市或搭船至島嶼遊玩,雖然會花較多時間,但卻能充分體驗沿途風景,並省下一筆費用。

希臘最早的航空公司為奧林匹克航空

搭飛機注意事項

搭乘飛機需注意希臘旅遊的淡旺季,因為各航空公司及境內各機場在淡旺季的運作班次及時間不同,每年淡季約為10月底至隔年3月底。因此行前最好事先確認。

在雅典國際機場搭乘希臘境內航班,搭乘樓層及方式與國際線類似(詳見機場港口篇),唯一不同的是不須經過入出境護照查驗台,因此會較節省時間;一般而言,提早1個半小時抵達機場即可。

希臘航空資訊哪裡查

機場營運時間
網址:www.hcaa.gr/en/our-airports/Orario-aerolimenon

Airtickets訂機票網站
網址:www.airtickets.gr

國內航線
由4大航空公司經營。
奧林匹克航空(Olympic Air): www.olympicair.com
愛琴航空(Aegean Airlines): en.aegeanair.com
雅典航空(Athens Airways): www.aeroporika.gr/en/airlines/index_athens_airways.htm
Sky Express: www.skyexpress.gr

＊以上資料時有異動,以官方最新公告為準。

船 (Ferries)

　　希臘島嶼眾多，因此航海業相當盛行，許多大小船舶每日頻繁進出各港口。本島往返愛琴海諸島的航線，主要港口為派瑞斯港(Piraeus)及瑞費納港(Rafina)，大部分旅客來希臘均至愛琴海諸島遊玩，因此派瑞斯港是最重要的旅遊港。此外，前往米克諾斯島(Mykonos)等北愛琴海島嶼的旅客也可至瑞費納港搭乘，較為快速方便。

　　愛奧尼亞海諸島則與帕德雷(Patras)、伊古邁尼察(Igoumenitsa)等西岸港口相連結。

停靠在派瑞斯港的船隻

主要的航運公司

　　希臘的航運公司多達20間以上，選擇相當多元，較知名的航運公司有Hellenic Seaways、Blue Star Ferries、Anek Lines、Hellas Ferries、Minoan Lines等，船運公司資訊見下頁。

船上的商店

搭船注意事項

船票事先訂：船票在旺季時最好上網或電話事先訂購，以免向隅。若人已在希臘，也可隨時在市中心或港邊的船票售票櫃檯購買，價格則無一定標準，依各家公司及旅行社而定。船票有分頭等艙(First Class)及經濟艙(Economy Class)，大部分的船設施齊全，多有餐廳及商店，相當舒適。

提前1小時到港口：必須提前1小時(或以上)的時間抵達港口。

船上消費較貴：船上東西較昂貴，因此最好在搭船前事先買好食物及飲料。

退費條件：若因天候不佳或港口機關運作問題而誤點或臨時取消該船班，船公司毋須負責，但可全額退費。

退票：購票後24小時內(搭船當天購買除外)，或出發的14天前辦妥退票手續者，可全額退費，但詳細的退票規定，仍須視各家船運、郵輪公司的規定來辦理。

遺失船票：必須重新購買，所以請妥善保存。

開船時間　　　目的地　　　登船口

派瑞斯港的航班資訊看板，提供即時航班資訊

看懂船票

船公司名稱
乘船日期
船型
登船口
到港務必再次確認
出發地及目的地
價錢
乘客姓名
購票日期
登船報到收執聯
港務局收執聯

水翼船(Hydrofoil)

又稱飛豚(Flying Dolphin)或飛貓(Flying Cat)，是一種超級快艇，提供由本島到許多鄰近島嶼的服務，價格較貴，約0.6～1倍左右，但航行時間卻可省一半。

網址：www.hellenicseaways.gr

航運資訊哪裡查

各家航運公司網站

注意，淡季期間有些班次會停駛，因此出發前最好再次確認。

http www.gtp.gr/ShipCompanies.asp?International=0

查詢船班與訂票

OpenSeas
可網路查詢所有國內船班並訂票。
http www.openseas.gr

GREEK TRAVEL PAGES
可查詢國際與國內船班，簡易方便，功能強大的查詢網站。
http www.gtp.gr

Ferries
http www.ferries.gr

GREEKFERRIES.GR
http www.greekferries.gr

Danae Travel
http www.danae.gr

Paleologos
http www.paleologos.gr

Hellenic Seaways
http www.hellenicseaways.gr

遊輪上設有露天泳池

＊以上資料時有異動，以官方最新公告為準。

交通篇

搭船步驟教學

Step 1 確認登船口

　　請務必提早出發至港口，通常船票上會顯示登船口，買票時務必向售票人員確認登船口位置，抵達港口後，可在港內之資訊看板查看即時船班資訊。

一般而言登船口只會有一艘開放登船，不太會上錯船隻，但也可抵達正確登船口後，向船務人員再次確認。服務人員會協助登船。

Step 3 至所屬艙等空位就座

　　服務人員指示座艙方向，若提早登船較能在船上找到較舒適的位置；一般而言都會有位子坐，但若在人潮眾多的旺季則有可能沒有位子，建議一旦行程確定，最好還是事先訂票較為保險。

Step 2 依指示入口上船

　　旺季旅客相當多，最好提早抵達等候上船；上船時會有導引人員引導，登船時地面通常較濕滑，要小心腳步。

乘客出入口

車輛出入口

Step 4 抵達目的地下船

　　依指示由出口下船。票根必須全程妥善保管直至下船，若發生船隻停駛、故障等意外而有旅客求償事宜，皆需要有票根才能算數。

火車 (國家鐵路系統) (National Railway)

希臘全境火車網絡全長共約2,500公里,遍布希臘本島全境。希臘的鐵道行經境內多個風景區,沿途風景秀麗,值得一覽。然而,希臘的火車服務並不發達,雅典目前只有一個主要火車站,即雅典中央車站(Larissa火車站),其對向的伯羅奔尼撒火車站自2007年停止運作。

自Larissa火車站可搭乘市郊鐵路系統(Suburban Railway)至大雅典地區,亦可轉搭國家鐵路(National Railway)至希臘中北部及伯羅奔尼撒半島(詳細停靠車站資訊需詢問希臘鐵路辦公室)。希臘的火車網絡規模相當小,由雅典前往帖撒羅尼迦(Thessaloniki,希臘第二大城)約需5.5～6小時。

火車資料這裡查

希臘鐵路的官方單位為希臘鐵道組織(Hellenic Railways Organization, OSE)。實際上旅客有票務等問題,還是以各地服務櫃檯為諮詢窗口。

希臘鐵道組織
網址:www.ose.gr
地址:1-3 Karolou Str., GR 10437 Athens
電話:(210)529-7865

希臘鐵路辦公室(the Greek Railways Offices)
雅典Larissa火車站
地址:46 Deligianni Str., GR 10439 Athens
訂票櫃檯電話:(210)529-8829
24小時服務專線:1110
國內線資訊查詢:1440
國際線資訊查詢:(210)513-5768,(210)513-5769,(210)529-8739,(210)529-8740

* 以上資料時有異動,以官方最新公告為準。

火車站列車進站一景

北行列車及伯羅奔尼撒半島主要停靠站

地區	主要停靠站
希臘北行列車	Thessaloniki、Livadia、Paleofarsala、Larissa、Plati、Edessa、Florina、Seres、Drama、Alexandroupolis、Komotini
伯羅奔尼撒半島 (南行)	Kiato、Xylokastra、Diakofto、Patras、Olympia、Argos、Tripoli、Megalopolis、Kalamata

※南行部分車站暫時停用,出發前請先電話確認。　　製表/林少凡

長途巴士 (Long Distance Buses)

希臘各城市間的巴士網絡很密集,巴士車型也相當舒適新穎,是自助旅遊者體驗希臘風情的一項很不錯的選

長途巴士

擇,缺點是巴士總站(Kifissos Bus Terminal)離市中心較遠,需坐公車或坐計程車才能抵達。

希臘的長途巴士名義上由希臘觀光組織管理,實際上卻分屬不同巴士公司營運,所以並無統一制度,價格與發車等各種變動事項,該組織皆不負責。因此若要知道詳細的時間表、班次及確切票價(票價逐年調整),最好直接前往巴士總站櫃檯或請旅館服務人員電話詢問清楚。一般而言,最好親自前往巴士總站購票較為保險。

搭長途巴士步驟教學

以長途巴士Kifissos Bus Terminal總站為例。

Step 1 購票大廳櫃檯購票

長途巴士總站售票大廳，進入大廳後直接至所要前往城市的售票櫃檯購票。

Step 2 找到正確候車點

依照指示牌所指示之方向，找到正確候車處。

目的地(希、英文)

候車處指示方向

Step 3 候車

Step 4 上車前置放行李

上車前司機開車門時，需先把大件行李置放在巴士側邊車廂內。車內頭頂上方的置物空間較小，通常無法放隨身行李箱，只能置放小型背包或隨身物品。

Step 5 上車驗票

每個班次中間停靠站次數不同，有些車班也會在途中停靠公共廁所讓大家如廁，因此可向司機問清楚自己要下車的站是在第幾次停靠；下車後司機會自動開啟行李箱，最好仍是下車時向司機口頭提醒一下。

搭長途巴士注意事項

季節班次略異：夏季班次(4～10月)與冬季班次(11～3月)略有差異，需事先確認。

休息站飲食較貴：一般在車程途中會至休息站讓旅客短暫下車，通常休息站內販售的食物或飲料較昂貴，故最好自己攜帶食物。

國定假日營運狀況：部分長途巴士車班在國定假日也有營運，但無法事先知道哪些班次正常營運，必須打電話或親自至車站詢問。

長途巴士總站(KTEL)介紹

雅典市的長途巴士總站(Intercity Buses, KTEL Athens)，可搭至希臘各大城市與重要景點。

售票大廳入口(Tickets Office)

售票大廳(Tickets Office)

市區公車及機場巴士站(Bus Stop)

機場巴士售票處(Bus Tickets)

機場巴士(Airport Buses)

前往機場的飛機圖案

計程車招呼站(Taxi)

便利商店(Kiosk)

餐廳(Restaurant)

廁所(W.C.)

長途巴士乘車處

往帕德雷的長途巴士

交通篇

巴士總站在哪裡

長途巴士總站(Kifissos Bus Terminal)

地址：100 Kifissou Ave., GR 10442 Athens
電話：(210)512-49101
交通：❶搭計程車❷從Omonias廣場沿著Omonias大道往西南方走，順勢往右就會接上Agiou Konstantinou街，看到Sokratous街右轉，然後在左手邊的公車站牌搭乘51號公車❸由機場搭X93機場巴士

巴士時刻表網路查詢

請使用下方的查詢功能，點選起迄站來查詢。
網址：www.athensinfoguide.com/busTT.htm

Intercity Buses(KTEL)巴士網路查詢

可以查巴士的路線及目的地等資訊，提供智慧型手機下載時刻表及語音服務。
由於KTEL巴士在希臘各個城市的網站服務負責公司不同，建議搜尋時用KTEL加上想查詢的城市名稱，找到該城市的KTEL巴士網站首頁，點擊進入查詢與購票即可；或上以下網站，查詢希臘的KTEL巴士服務總資訊。
網址：livingingreece.gr/2008/06/13/ktel-buses-of-greece

長途巴士熱門目的地一覽表

目的地	班次(雅典出發)	車程	查詢電話
帖撒羅尼迦(Thessaloniki)	07:00～23:45(約2小時一班)	約6小時	(210)512-9403 (231)059-5411
愛奧尼納(Ioanina)	06:00～22:30(約1.5～2小時一班)	約7小時	(210)512-9363 (265)102-6286
伊古邁尼察(Igoumenitsa)	07:00～13:00(約3小時一班)，21:00	約8.5小時	(268)202-2213
科孚島(Corfu/Kerkira)	07:00，11:30，21:00	約9.5小時	(266)102-8900
柯林斯灣(Korinthos)	沒有直達車，可改搭火車	—	—
帕德雷(Patra)	04:00～22:00(約每30分鐘一班，其中06:00～18:00每半小時都有直達車)	約2.5小時	(261)062-3888
那普良(Náfplio)	06:15～21:30(約每30分鐘1班)	約2.5小時	(275)202-7423
艾比達羅斯(Epídavros)	09:30，11:00，16:30(1天3班)	約2小時	(275)202-7423
斯巴達(Sparti)	06:30～20:15(約每1.5小時一班)	約4小時	(273)102-6441
摩納瓦西亞(Monemvasía)	04:45，07:15，14:15，17:30(1天4班)	約4.5小時	(273)102-6441
古代奧林匹亞(Olympia)	06:15～21:45(約每45分鐘1班)	約5.5小時	(262)102-0600
亞歷山卓波利(Alexandroupoli)	10:15，23:55(1天2班)	約9.5小時	(253)102-2912
卡斯托里亞(Kastoria)	07:45，15:00，20:30	約8小時	(241)056-7600
的黎波里(Tripoli)	05:45～23:00(約每小時1班)	約3.5小時	(271)023-0140

＊以上資料時有異動，出發前請再次確認。

製表／林少凡、艾米莉

雅典市區交通工具

雅典市區交通工具有捷運、輕軌電車、市區公車／電聯公車、火車、計程車、近郊巴士等；在市中心最適合觀光客使用的是捷運，除了車站乾淨、車班準時外，更可到達市區大部分的觀光景點，相當方便；此外，也可利用近郊巴士前往雅典市郊景點觀光。

雅典交通票卡

雅典交通票卡是一種可以用來搭乘市區交通工具：火車、捷運、公車、輕軌電車等等的票卡。有兩種形式：卡式的ATH.ENA CARD和紙質式的ATH.ENA TICKET。

ATH.ENA CARD

ATH.ENA CARD是一張可以充值的卡片，跟我們的悠遊卡很類似，又分為記名個人卡與不記名匿名卡兩種。記名卡需有當地身分證或學生證才能購買。而匿名卡可直接購買。只是購買匿名卡之初，有必須儲值的最低限額，至少需買5次票，或是最低4.5歐元的票，且不能買1次或是2次的票，也沒有半票。換算下來其實不一定比較划算。其實若非久居希臘，並不推薦購買此卡。

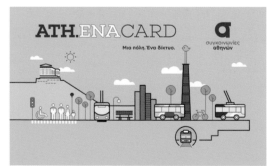
ATH.ENA CARD是一張藍色的卡片(圖片來源/ATH.ENA CARD官方網站)

雅典運輸這裡查

雅典運輸網ATHENS TRANSPORT
是雅典最大的交通網站，提供雅典市區交通的相關新聞，以及雅典交通卡的使用說明與計費方式。
網址：www.athenstransport.com/english/tickets

＊以上資料時有異動，以官方最新公告為準。

ATH.ENA TICKET

一般自助旅遊的讀者其實只要購買ATH.ENA TICKET就足夠使用了，還有1次票跟半票可以選擇。只要掌握好自己旅行的狀況適合使用的票券，在

ATH.ENA TICKET是白色外觀的紙質性卡片

買的時候告訴售票員要買的票種即可。卡片用完後，也能儲值。若買1日或5日票，刷卡後，卡片的背面會打上時間，然後每次刷卡，會告訴你還有多久到期。若是買1、2、5、11次票，一開始要說要買幾次份，假設是2次票，等2次用完了發現不夠，可以再找人工售票窗口加值，再買1次、2次、5次或是11次票。

如果完全不想傷腦筋算次數，也可以直接跟售票員說卡片儲值到最高上限，50歐元，按每趟距離收費扣儲值金額，沒有期限，直到用完為止，就像台北的捷運悠遊卡一樣。

雅典市區交通概況

認識交通票種

在雅典市區的大眾運輸工具：捷運、火車(市郊鐵路系統)、公車、輕軌電車皆為1.4歐元，並在90分鐘內有效，可轉搭乘任何大眾運輸工具。另外也有1.2歐元的車票，限單次使用火車、公車、輕軌電車，不包含捷運。為便利旅客，亦有販售1日票(24小時)4.5歐元，5日票9歐元，1次票1.4歐元，2次票2.7歐元，5次票6.5歐元，和11次票13.5歐元，以次計算的票卡，單趟都必須在90分鐘內入出站才有效。這些票種只能在雅典市區內使用，不能搭至機場，要搭至機場必須另購機場捷運／火車票。

必須要注意的是，車票一旦購買，除非能找到原售票員，否則不能退票。因此建議先估算好自己適合的票種及張數再購買，否則離開雅典前用不完就

部分書報攤也有販售交通票

只能留作紀念了。

買票地點：可在各捷運、火車站的人工售票口或售票機購買，部分書報攤(Kiosk)亦有販售。

雅典交通組織(Athens Urban Transport Organization)：www.oasa.gr

雅典市區交通電子票種一覽表

票種	價格	注意事項	適用交通工具	購票處
單次票	1.2歐元	●不限時間，但限單次使用 ●不可使用於捷運	火車、公車、輕軌電車	各捷運站、火車站、輕軌電車站的售票機或人工售票處、部分書報攤(Kiosk)
1次票 (1 90-minute tickets)	1.4歐元/半票0.6歐元	● 90分鐘有效票，90分鐘內可無限次使用，刷票1次之後，90分鐘內必須進出，不然就算過期，要重新買票(有1、2、5、11次票可選) ● 可轉搭乘任何大眾運輸工具 ● 不能搭到機場	捷運、火車、公車、輕軌電車	各車站人工售票處
2次票 (2 90-minute tickets)	2.7歐元/半票1.2歐元			
5次票 (5 90-minute tickets)	6.5歐元/半票3歐元			
11次票 (11 90-minute tickets)	13.5歐元/半票6歐元			
1日票(24-hour ticket)	4.5歐元	●有效期限內可無限次使用 ●可轉搭乘任何大眾運輸工具 ●不能搭到機場		
5日票(5-day ticket)	9歐元			

製表／艾米莉

自動售票機解析

自動售票機器目前只接受5、10歐元的紙幣以及2、1歐元，50、20、10分的硬幣付款。若是你購買的ATH.ENA TICKET票卡內金額用完後，可放入「票卡充值座」，選擇充值，充值方式及說明可掃QR CODE進一步了解。

❶紙鈔放入處
❷硬幣投入處
❸票卡充值座
❹收據、票卡領取口
❺語言有希臘語、德語、法語、英語、義大利語、阿拉伯語和俄語可以選擇

使用售票機購買、充值、查詢ATH.ENA TICKET

在ATHENS TRANSPORT官網上其實介紹得相當清楚：如何在自動售票機購買的步驟，包括用完後怎麼充值、查詢票卡資訊等等。在這邊提供給各位方便好用的連結條碼，速掃QR CODE，購買圖解一目了然。將QR CODE路徑儲存於手機內，隨時都可以查詢，就不用拿著書本操作啦！(購買說明網址路徑為：www.athenstransport.com/tickets)

小提醒：進入官網後，先用google翻譯網頁為中文版。

購買步驟速記：

Step ① 選擇語言(可選英文)

Step ② 購買ATH.ENA TICKET

Step ③ 選擇票種

Step ④ 選擇人數

Step ⑤ 掏錢付款

務必刷票

大眾交通工具可以自由進出或上下車，無須驗票，但查票人員會機動地在各種交通工具上隨機查票。查票人員通常身著白色襯衫，胸前配戴名牌。請記得上車前一定要確定買的票是正確的票種，並且在上車時「立即」到刷票機刷票，否則若查票人員查到未刷票或票種不正確，會被罰票價60倍罰金，也就是1次90分鐘有效票的話(原價1.4歐元)，罰金為84歐元，優待的1次90分鐘有效票(半票原價0.6歐元)，罰金則為36歐元。

刷票機，ATH.ENA TICKET為感應式刷卡。官網上有介紹關於刷卡的相關說明

交通篇

辨識車票與交通工具LOGO

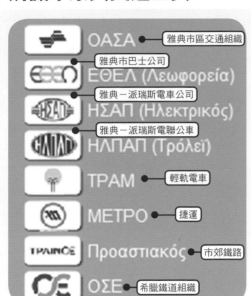

- OAΣA — 雅典市區交通組織
- EΘEΛ (Λεωφορεία) — 雅典市巴士公司
- HΣAΠ (Ηλεκτρικός) — 雅典－派瑞斯電車公司
- ΗΛΠΑΠ (Τρόλεϊ) — 雅典－派瑞斯電聯公車
- TPAM — 輕軌電車
- METPO — 捷運
- Προαστιακός — 市郊鐵路
- OΣE — 希臘鐵道組織

●除第一個是交通組織的LOGO以外，其他LOGO皆可用來辨識不同種類的交通工具。
●市郊鐵路系統僅在大雅典地區營運，若出大雅典地區，則會變成希臘國鐵系統OSE。

⁉️ 乘車小提醒

●記得上車前或進入捷運站時須至刷票機刷票卡。
●票卡務必妥善保管直至下車。
●遇查票人員，配合拿出票卡檢查。
●檢視自己行程的天數，決定購買的票種，可以節省時間與花費。

捷運站內皆有周邊道路、地圖等資訊看板

捷運 (Metro)

　　捷運是在雅典市區旅遊最佳工具。捷運運作時間為每天06:30～23:30，1週7天運行，共有3條路線，但各線時間略有不同。

綠線(Line 1)：南北向，電車捷運線，連結Kifissia及派瑞斯(Piraeus)。

紅線(Line 2)：連結Anthoupoli及Elliniko。

藍線(Line 3)：連結Aghia Marina及雅典國際機場(Athens Airport)。

●捷運及火車路線圖見P.89。

派瑞斯捷運站月台

捷運資訊這裡查

希臘捷運的相關官網很多，但以這個網站最為實用，可查路線圖、路線規畫、時刻表等資訊。
網址：www.stasy.gr
電話：(214)414-6400

＊以上資料時有異動，以官方最新公告為準。

捷運站設施介紹

捷運車站外的捷運標誌相當明顯易認

捷運車站內售票處販售各式車票

該線終點站　即將到站時間

車班到站狀態看板

騎自行車也可搭乘捷運

僅有少部分的捷運站內設有廁所

位於憲法廣場站的捷運乘客服務中心，從詢問資訊到繳交罰款等，各種在捷運站內的問題皆可來此詢問

跑馬燈

捷運車廂內的資訊跑馬燈

使用鑰匙

Monastiraki、Omonia及派瑞斯捷運站內設有置物箱，小行李單次4歐元，大行李單次6歐元

搭捷運步驟

以派瑞斯捷運站(綠線)為例。

Step 1 購票

可至人工售票處或自動售票機購票。

Step 2 刷票

務必記得刷票卡，並妥善保管，以免被罰款。捷運及電車的刷票機都是藍色的。將卡片靠近螢幕下方即可刷卡。刷卡成功會顯示4個綠色LED燈，若失敗則會顯示4個紅色LED燈。

刷票處

ATHENS TRANSPORT官網上針對刷票機的說明

Step 3 月台候車

火車 (市郊鐵路系統) (Suburban Railway)

火車車廂內一瞥

對於來希臘旅遊的旅客而言，火車並非最方便的交通工具。大雅典地區使用的市郊鐵路系統可到雅典市區、雅典國際機場、派瑞斯港，以及往南的Corinth及Loutraki。雅典中央火車站為Larissa火車站，可搭乘捷運紅線至Larisis St.站，出站就可看見火車站，方式見下頁。捷運及火車路線圖見P.89。

火車資訊看這裡

售票中心OSE
網址：www.ose.gr
網路訂票：tickets.trainose.gr
電話：14511或(213)012-1121

＊以上資料時有異動，以官方最新公告為準。

Larissa火車站設施介紹

中央火車站外觀

當日車票售票處

市郊火車及往機場方向火車票售票處

預售票取票處

詢問處(Information)

行李寄放處(Luggage)

洗手間(W.C.)

候車室(Waiting Room)

Everest咖啡廳

捷運紅線轉Larissa火車站步驟

Step 1 下捷運後依指標走

下捷運後，依指標往出口方向走。

Step 2 循指標方向走

Larissa火車站

Step 3 出站

出捷運站後，Larissa火車站就在Stathmos Larisis捷運站旁。

站名

搭火車步驟

Step 1 售票櫃檯買票

Step 2 月台入口驗票

驗票人員

Step 3 刷票、候車

找到正確月台並刷票、候車。

往機場及Kiato方向

往派瑞斯港方向

上車前請務必記得刷卡

Step 4 車班到站，上車

車內會有跑馬燈顯示停靠站等相關資訊。

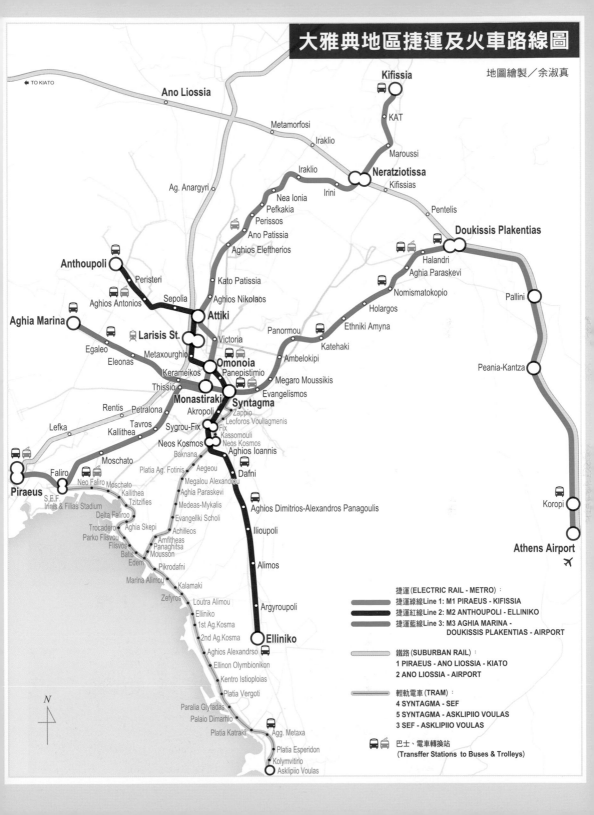

輕軌電車 (Tram)

輕軌電車官網：www.stasy.gr

輕軌電車主要是連結憲法廣場與雅典西南方海岸線沿岸(至Glyfada區域)，運作時間為週日～四05:30～01:00，週五、六則延長至凌晨02:30。

電車速度雖較慢，但適合想要體驗輕軌電車或欣賞海景的旅客。唯一要注意的是，夏季(6～9月)前往海灘的人潮眾多，車廂內相當擁擠，想搭乘的人要先考慮一番，若不喜歡則可改搭公車或計程車。

班次顯示
輕軌電車

站牌及站名

路線圖

搭乘輕軌電車步驟

Step 1 購票

可在車站或部分書報攤購買，票種一覽見P.83。

Step 2 查看車班及抵達時間

車班
目的地　預計到站時間

Step 3 記得在刷票機刷票

務必記得要刷卡，並請妥善保管，以免被罰款。將卡片靠近螢幕下方，即可刷卡。

刷票處
ATHENS TRANSPORT官網上針對刷票機的說明

Step 4 認班次後上車

目的地
班次

市區公車(Urban Buses)／電聯公車(Trolley Buses)

公車官網：www.oasa.gr　**電話**：11185

交通篇

　　公車營運時間自05:00～00:00，在雅典市區的公車路線繁多，可以有不同的選擇，但較不方便的是公車站牌皆只有希臘文，而且許多皆遭破壞或損傷，難以辨識，故在搭乘前最好先詢問清楚車次。此外，上車後務必確認票卡是否已刷卡並在有效期間內。市區公車站站牌是藍色，電聯公車是黃色(車身也是黃色且有電纜在車頂相連)。

市區公車有Express班次，僅停靠較重要的公車站

電聯公車車身為黃色，車頂以電纜相接

站名

ΦΑΡΟΣ

黃色電聯公車之車班號碼

一般公車之車班號碼

藍色站牌為一般公車班次、黃色站牌為電聯公車班次

各車班沿途停靠站名

公車路線圖大多被塗鴉破壞，難以辨識

搭乘公車步驟

Step 1　購票

　　可至車站的人工櫃檯，或是自動售票機購票，部分書報攤(Kiosk)也可購票。如果沒有先在人工櫃檯買票的話，而是臨時起意要在公車站買票的話，就只有單次票(1.2歐元)。

Step 2　上車刷票

　　務必記得要刷票卡，並請妥善保管，以免被罰款。

刷票處

官網針對刷票機的說明(www.athenstransport.com)

Step 3　到站前按鈴下車

　　按鈕後請務必確認停車燈有亮。

下車按鈴

ΣΤΑΣΗ STOP

停車燈

計程車 (Taxi)

　　搭乘雖然較貴，但適合在定點旅遊且較無交通往返需求的遊客。要非常注意的是，希臘計程車有所謂「共乘」的習慣，有可能在途中與其他旅客同乘，分開計價，且自行在路邊叫車較不易，有可能被拒載。少部分計程車司機會對外國遊客敲竹槓，因此最好在上車前先備妥零錢，談好大概價錢，上車後跳表，下車將所有行李卸下後，清楚點交費用；或直接請旅館叫車，並請旅館服務人員代為詢問價碼，確認後再上車(注意：叫車需加收叫車費2～3歐元不等，請先向飯店問清楚)。若有爭議應請警察前來處理。

　　電話叫車需另外付叫車費，但不表示電話叫車會較有保障，因為計程車司機不受電話叫車服務所控管。所有費用皆是含稅價(23%VAT)。如果要搭乘計程車往返機場，請參閱P.54。

本島與小島計程車費率表

地區	起跳價錢	日間 (05:00 ～ 24:00) 每公里增跳	夜間 (00:00 ～ 05:00) 每公里增跳	總最低應收價錢
希臘本島(市區)	1.29歐元	0.74歐元	1.29歐元	3.44歐元
希臘小島	1.24歐元	0.71歐元	1.24歐元	3.55歐元

＊註：價錢可能因地點是否偏遠、交通狀況(如罷工)、有無大件行李及叫車服務等因素而須加價，建議上車前先詢問清楚。　　製表／林少凡、艾米莉

雅典市計程車外觀

德爾菲的計程車叫車電話處

叫車電話

看到牌子翻起表示空車可招呼，但因共乘習慣之故，若車內有乘客亦可招呼

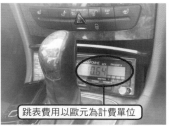

務必確認上車後司機有按下跳表計費

跳表費用以歐元為計費單位

副駕駛座前方置有司機相關資料

雅典近郊巴士 (Suburban Buses)

雅典近郊巴士又稱為橘色巴士，因車身漆有橘色色彩之故。這些巴士公司提供旅客前往雅典近郊阿提卡地區(Attika Area)周邊城市的服務，票價由2～7歐元不等，依目的地不同及逐年變動調整而定。

搭乘地點在Mavromateon St., Areos Park(離捷運綠線Victoria站及國家考古博物館不遠，或可搭2、5、9號公車)。

近郊巴士並沒有一個完整的巴士總站，而是類似市區公車站牌，依目的地不同分散在Mavromateon沿街上，搭車旅客自行至欲搭車的站牌候車。近郊巴士無法預先訂車票，亦無網路訂票服務，必須搭車當天在現場等候，上車向司機購票。近郊巴士通常熱門的目的地為蘇紐岬、瑞費納港等地。

網址： www.ktelattikis.gr

電話： (210)880-8000

票價及車程時間查詢： www.ktelattikis.gr/en/entickets

近郊巴士上皆會有KTEL Attikis的標誌

前往雅典近郊馬拉松市的巴士

近郊巴士小提醒

班次及車票價格隨時可能調整，也可能因罷工因素停駛，因此搭車前最好能先請飯店人員以電話代為詢問，確定後再前往買票搭車。

近郊巴士目的地一覽表

目的地	班次	票價	查詢電話
馬拉松(Marathonas)	05:30～22:30 (09:00～13:00每30分鐘1班，13:00～21:00每60分鐘1班)	4.1歐元	(010)821-0872
蘇紐岬(Sounio)	07:05～21:15(每60分鐘1班)	6.9歐元	(010)821-3203
瑞費納港(Rafina)	05:45～22:30	2.6歐元	(210)880-8080
Nea Makri	05:30～22:30 (09:00～17:00每30分鐘1班，17:00～21:00每60分鐘1班)	3.2歐元	(010)821-0872
Porto Rafti	05:45～19:45(每60分鐘1班)	2.35歐元	(010)823-0179
Amfiaraio(Kalamos)	05:45～19:00	4.5歐元	(010)823-0179
Ramnous(Souli)	06:00～19:00	4.8歐元	(010)821-0872

＊以上資料時有異動，出發前請再次確認。

製表／林少凡、艾米莉

近郊巴士搭車步驟

Step 1 詢問處詢問

至詢問處詢問車班、票價及正確候車處。售票處及候車處位於同一條街上(Mavromateon St.)。

Step 2 候車

依目的地至搭車站牌候車。

Step 3 置放行李

若有大件行李先放到車身側邊行李置放區(停車後司機會自動開啟行李區)。

行李置放處

Step 4 買票

上車向司機告知目的地後，司機會告知票價，直接和司機購票。

目的地

租汽機車

在小島租汽車，是最佳的交通工具選擇

　　租車(汽、機車)是自助旅客的絕佳選擇，不僅彈性、機動，並且可以進行較長距離的觀光。在希臘，租車業相當發達，許多國際租車公司提供旅客網上租車服務，相當方便。然而，在雅典市及帖撒羅尼迦等大城市極不建議租車，因為上述大城市的人口及車輛眾多，交通狀況混亂，許多單行道或窄道，停車不易，對於初次在希臘駕車的旅客相當危險。若是在郊區或各地定點景點、小島，則建議可以租車旅遊，能省下許多等公車或火車的時間，時間可以充分自由安排。

　　若需租車服務，可在網路上查詢、預約，或直接洽詢機場內租車公司櫃檯，也可請下榻旅館告知，並代為聯絡當地的租車公司。有些有甲租乙還(異地還車)的服務，例如可在機場租車，市區某服務據點還車；或市區租車，機場還車。可事先問清楚。

　　和台灣一樣，希臘是左駕，且要繫安全帶。

機車機動性高，停車方便，是玩小島的好選擇，但務必戴安全帽

⁉️ 緊急車輛事故服務

希臘汽車及旅遊聯盟ELPA(Automobile and Touring Club of Greece)
網址：www.elpa.gr
電話：10400(車輛出狀況時免付費)、(210)606-8800

海灘車較危險，不建議租用

租車自駕注意事項

自排車較貴：在希臘的汽車多為手排檔，因此若習慣自排車的旅客，必須要有多付費用或完全沒有自排車的準備。

小島租車：較適合租車旅遊的希臘島嶼，如克里特島、科孚島及羅德島等，都很適合租汽車觀光，若是面積較小的島嶼可選擇費用相對便宜的機車，惟要特別注意安全。

避免租海灘車：其危險性最高，操控性能也較差。小島地形較不平坦，許多人因此受傷或發生意外，故不建議租海灘車作為環島的交通工具。

淡旺季注意事項：旅遊旺季時，最好先透過網路預約，以免枯等排隊；淡季時，則不一定要網路預約，可現場挑車。若打算現場租車，可先上網了解大致價位。另外，淡季時，有些租車公司會關閉休息，最好事先確認。

現場檢查車況：租車前必須先確認車身有無損傷，最好能夠每個角度都拍照存證，包括車內儀表板的里程數與油量也可拍下，不論有沒有問題，都要立刻在現場與租車公司確認，以免還車時產生糾紛。

詢問停車規定：租車時先與租車公司詢問當地停車規定，以免誤停警察開單熱區，而須繳納罰款。

保險：租車時要特別注意保險，若沒有足夠的保險，一旦車子受損，則易引起糾紛，甚至被敲竹槓，因此若預算足夠，建議保全險，以免產生糾紛大掃遊興。

少量加油法：加油不用一次加太多，建議以5歐元為單位少量加，以免加過頭浪費錢。

還車加油：一般而言，還車時要將油加至租車時的油表刻度，若領車時油表是半滿，還車時加至半滿左右即可。

停車：停車時，若找到車位，必須先按雙黃燈，再慢慢停車，不用著急，後面的車會耐心等待。

省時撇步：前往小島時，若是二人(以上)同行，在機場內等待提領行李的同時，可由一人先出關，前往租車櫃檯辦理租車手續，將大大減少等待時間。

嬰兒座椅：如果有幼兒同行，最好事先預訂好嬰兒座椅。

GPS與地圖：若有GPS且有希臘地圖，建議使用。

租(汽機)車手續及規定

需備文件：有效期內之國際駕照、駕駛人本國駕照(台灣駕照)、護照及信用卡(無論是否從網路預約，皆得出示信用卡作為擔保，否則需現場付300～600歐元不等的押金)。

年齡限制：需年滿18歲，才能在希臘開車。

駕駛人：依據規定，租車人必須是駕駛人。

孩童乘車規定：10歲以下孩童必須坐在汽車後座並繫安全帶。

禁止備用油：在車上攜帶備用油是不合法的。

交通設施

加油站

若要加油，停車後僅需告知欲加金額，繳費後記得拿收據。加油站多在主要幹道上，小島上的加油站不一定好找，可在租車時一併詢問清楚。

加油站外觀

交通篇

一般95無鉛
(租車皆加此種)

油價

加油站前皆會有當日油價告示牌

停車

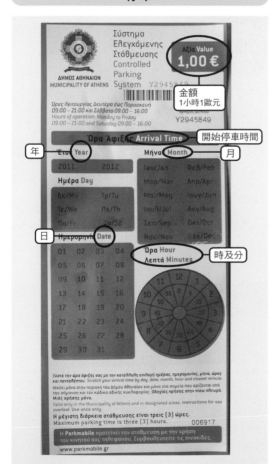

年　Έτος Year
月　Μήνας Month
日　Ημερομηνία Date
開始停車時間　Ώρα Άφιξης Arrival Time
時及分　Ώρα Hour　Λεπτά Minutes
金額
1小時1歐元

在雅典市路邊公共停車格停車，需購買停車券置放車內前方，券可至書報攤(Kiosk)買，公定價格

較難找到免費停車的區域可找到許多停車場

租車公司一覽表

下列為較具規模的連鎖租車公司，在許多希臘小島皆有同樣的租車公司提供服務。機場亦有許多公司可選擇。

Avis
http www.avis.gr
@ contact@avis.gr
((801)500-5555或
(210)687-9800

Budget
http www.budget.gr
@ contact@budget.gr
((213)021-3120

Europcar
http www.europcar-greece.gr
@ reservations@europcar-greece.gr
((210)973-5000

Hertz
http www.hertz.com
((210)626-4000
FAX (210)626-4409

Sixt
http www.sixt.com/car-rental/greece/athens
@ reservations-usa@sixt.com
((888)749-8227

＊以上資料時有異動，以官方最新公告為準。

道路收費站(Toll Station)

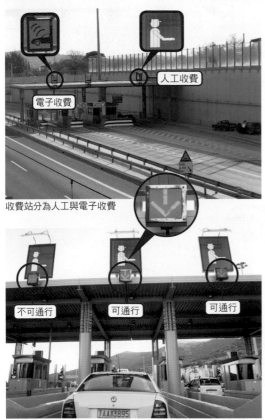

電子收費
人工收費
收費站分為人工與電子收費

不可通行　可通行　可通行
一般皆走人工收費道

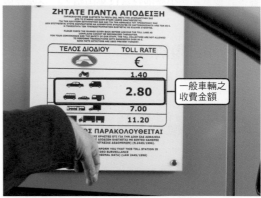

小型車收費約2.8歐元上下，依路段及區域而定

一般車輛之收費金額

直接給零錢即可，若給鈔票收費員則會找零錢

租自行車

　　自行車出租在希臘不像出租汽、機車般盛行，但卻是體驗希臘當地民情相當適合的交通工具，可在相距不遠的城市或景點使用，並且節省交通費用。

　　在希臘騎自行車，就城市整體言之，雅典市的路況對自行車騎士並不友善，騎乘自行車常必須與其他汽、機車爭道，因此危險性較高；然而，若不喜歡走太遠的路，可以租自行車逛衛城周邊，攜自行車可搭捷運，相當方便。

可參加自行車觀光行程，團體行動較安全。(圖片提供／Vasilis Kampas)

交通篇

　　若在較鄉鎮與小島騎自行車，則適合慢遊的旅客，許多景點與小島都有自行車出租，可以充分體驗當地風情。

自行車出租網站

租自行車的價錢依車型及租用時間而定，1小時約6歐元不等(各家實際價格會有不同)，租車需備護照。

http www.funbike.gr

＊以上資料時有異動，以官方最新公告為準。

在市區騎自行車較危險，最好在小島或郊區城鎮租用。

指指點點希臘文 Σθ

單字類

公車／λεωφορείο／bus
捷運／μετρό／Metro
火車／τρένο／train
船／βάρκα／boat
票／εισιτήριο／Ticket
日票／ημερήσιο εισιτήριο／Day ticket
周票／εβδομαδιαία κάρτα／Weekly ticket
月票／μηνιαία εισιτήρια／Monthly ticket
售票處／γραφείο εισιτηρίων／Ticket office
登船口／επιβίβαση πύλη／Embarkation gate
上車／ανεβαίνω／get on
下車／κατεβείτε／get off
轉車／μεταφορά／Transfer
誤點／καθυστερήσεις／Delays
車程時間／διάρκεια／duration
加油站／βενζινάδικο／Gas Station
租車／ενοικίαση αυτοκινήτων／Car Rental
收費站／Σταθμού Διοδίων／Toll Station
停車場／Χώροι Στάθμευσης
　　　　Αυτοκινήτων／Car Parking

實用會話類

一張票多少錢？
Πόσο κοστίζει ένα εισιτήριο ?
How much is it for a ticket?

最近公車站在哪裡？
όπου είναι ο πλησιέστερος σταθμός λεωφορείων ?
Where is the nearest bus station?

最近捷運站在哪裡？
όπου είναι ο πλησιέστερος σταθμός του μετρό ?
Where is the nearest metro station?

請問在哪裡下車？
Πού πρέπει να κατεβείτε／Where should I get off?

租車要多少錢？
Πόσο κοστίζει η ενοικίαση ενός αυτοκινήτου ?
How much is it for renting a car?

請問登船口在哪裡？
Πού είναι η πύλη／Where is the gate?

請載我到這個地方。
Παρακαλώ να με πάτε σε αυτό το μέρος.
Please take me to this place.

請問怎麼轉車？
Πώς μπορώ να χρησιμοποιήσω τα μέσα μεταφορ
How to transfer?

請問_____怎麼走？
Πού είναι_____?／Where is _____?

飲食篇
Gourmet

在希臘，吃什麼道地美食？

來希臘一定要嘗的特色美食是什麼？本篇分門別類，從小吃、主餐到水果、飲料、麵包甜食，告訴你必嘗重點。教你用餐步驟、看懂菜單收據，各種飲食須知、認識餐廳種類、並推薦店家。另外，想省錢或想體驗庶民風情的話，就來逛逛希臘超市、傳統市場吧！

01在魚市場可以買到新鮮的漁貨／02擁有百年歷史的希臘老牌啤酒 FIX Beer／03櫛瓜／04,05巧克力口味的希臘甜食糕餅

希臘必嘗美食

　　希臘肉類、蔬菜、水果產量豐富(尤其盛產橄欖油及葡萄)，種類繁多，品質良好，是一個以農立國的歐盟國家。希臘料理可歸類為地中海飲食，烹調技巧雖較法、義料理簡單，卻非常營養健康，希臘料理主要由4大部分組成：橄欖油、生鮮食材、香料，以及單純的烹調方式。各式肉類的料理方式以燒烤為主，料理海鮮(魚、蝦、章魚、小管等)則以烤或油炸為主，並且大量使用橄欖油在各式料理上。沙拉亦是重要的料理，菜色以佐羊乳酪(Feta Cheese)聞名。

　　在希臘，不論是沙拉、起士、肉、海鮮或蔬果，也不論你是素食或肉食主義者，這裡的美食皆能依不同需要而有不同選擇。

美食哪裡找？

　　希臘的食物變化雖然不大，但種類仍相當多，大部分的菜肴可以在傳統餐酒館吃到，燒烤類可在燒烤店吃到，麵包類可在麵包糕餅店或路邊攤購得，不過由於每家餐廳的特色不同，所提供的餐點也不同，因此若想要吃特定哪一道菜，最好事先詢問清楚，以免白跑一趟。

飲食篇

沙拉類

希臘沙拉／鄉村沙拉
Greek Salad / Horiatiki Salata
χωριάτικη σαλάτα

以新鮮小黃瓜、番茄、洋蔥、一大片費塔起司佐以橄欖油，口感清爽，十分消暑。

茄子沙拉
Greek Eggplant Dip /
melitzanosalata
μελιτζανοσαλάτα

茄子搗成泥或切成細條狀，加入彩椒、醋、橄欖油等食材調味而成，搭配麵包一起食用相當可口，即使不喜吃茄子的人也值得一試。

黃瓜優格沙拉
Tzatziki
τζατζίκι

希臘最普遍且廣受歡迎的沙拉之一，由小黃瓜絲加上洋蔥，以及新鮮優格、橄欖油製成，亦可搭配麵包或希臘捲餅中食用，口感絕佳。

魚子醬沙拉

Taramasalata
ταραμοσαλάτα

由小魚子醬加優格製成，有時會加入碎蟹肉，具海產風味。

羅卡沙拉
Rocket with parmesan cheese
ρόκα παρμεζάνα

由羅卡葉加帕瑪森起司，佐以特製醬料而成。

豆泥沙拉
Fava φάβα

是希臘常見的家常沙拉，由Fava豆及雞豆佐以橄欖油磨製而成，口感細緻。

麵包類

菠菜派
Spanakopita
σπανακόπιτα

希臘的菠菜十分有名，因此也是希臘主婦的家常菜之一，除可以在麵包店買到新鮮菠菜派外，亦可在超市中找到冷凍菠菜派自行加熱食用。

芝麻圈餅
Koulouri
κουλούρι

是希臘人最常拿來果腹的早餐選擇之一，有粗細及較硬之分，通常較粗的芝麻圈餅口感較為鬆軟，細的則較酥脆，可依個人喜愛選擇。

起司派
Tiropita
τυρόπιτα

於餅中加入費塔起司，喜愛費塔起司的人絕對不能錯過。

復活節甜麵包
Tsoureki
τσουρέκι

是希臘復活節節慶麵包，在希臘家庭中相當常見，口感香甜，入口即化，美味可口。

鄉村麵包
horiatiko psomi
χωριάτικο ψωμί

類似原味的法國麵包，在希臘被視為主食之一，常切片後搭配不同沙拉一起食用，或加上橄欖油及洋香菜略為煎烤後食用。

蘋果派
Milopita
μηλόπιτα

將蘋果內餡填入派皮內，派皮通常十分酥脆可口，是相當有特色的糕餅之一。

皮塔餅
Pita
πίτα

皮塔餅烤熱後搭配配料一起食用，成品請見皮塔肉捲餅(P.108)。

飲食篇

小菜類

炸魷魚
Kalamarakia Tiganita
Καλαμαρακια Τηγανητα

類似我們的鹹酥雞炸法，但炸完後會淋上橄欖油搭配檸檬食用，相當清新可口。

炸沙丁魚
Sardeles Pastes
σαρδέλλα τηγανιτά

一般作法是將炸過的沙丁魚淋上橄欖油搭配醋一起食用。

炸櫛瓜肉球
Fried zucchini meatball
Κολοκυθοκεφτέδες

將希臘當地最普遍的食材櫛瓜切碎，連同其他香料混入絞肉中，再揉成肉球油炸，口感獨特。

費塔起司加黑橄欖
Feta cheese
φέτα

醋醃章魚
Marinated Octopus
χταπόδι ξυδάτο

將水煮後的章魚與橄欖油及醋醃漬數小時後食用，若搭配茴香酒風味絕佳。

是傳統小餐酒館會提供的小菜，費塔起司特有的風味與橄欖搭配食用相當可口，但對亞洲人而言，需要一段時間適應這樣獨特的味道。

主菜類

番茄鑲飯
Tomato stuffed with rice
γεμιστά

希臘傳統菜肴，將煮熟的米與番茄果肉、蒜、橄欖油、起司等調味料混合後，回填番茄空殼中，再置入烤箱烘烤，風味特殊。

櫛瓜鑲絞肉飯
Zucchini Stuffed with Meat
Κολοκύθια γεμιστά αυγολέμονο

櫛瓜挖空後，塞入絞肉、米飯及特製醬料烹煮，口感十分特別。

小洋蔥紅酒燉牛肉
moshari stifado
Μοσχάρι στιφάδο

燉得好吃的牛肉十分香甜，入口即化，可以用麵包或皮塔餅沾湯汁吃。

燉羊肉
Lamb Fricassée / Arnaki Frikase
Αρνάκι Φρικασέ Συνταγή

這道菜最難得的是羊肉沒有腥味，且燉很入味，入口即化，湯汁濃郁順口，即使不喜歡羊騷味的人也值得一嘗。

茄子肉醬派
Moussaka
μουσακά

是觀光客所熟知的希臘主菜餐點之一，由茄子、絞肉及馬鈴薯為主要材料，口感香氣十足，就算不喜歡吃茄子的人也會喜歡上這道菜肴。

葡萄葉飯捲
Stuffed Grape Leaves with Meat and Rice
Ντολμάδες με ρύζι και μυρωδικά

相當具地中海風味的一道菜肴，將絞肉、橄欖油、蒔蘿等調味料與熟米烹調後，包入葡萄葉中，散發出淡淡的葡萄香味。

紅酒燉雞肉
Kokoras Krasatos
Κόκορας κρασάτος

一樣是用紅酒料理的肉品，可依照對肉類的喜好選擇。

烤羊排
Paidakia
παιδάκια

希臘人很喜愛的燒烤食物，羊排炭烤後外酥內軟，十分多汁。

甜點類

開心果果仁蜜餅
Baklava
Μπακλαβάς

希臘傳統甜食，擁有濃郁香味，用大量的酥皮、開心果仁製成後再浸泡於蜂蜜中而成。

千絲卷
Kataïfi
καταΐφι

在中東地區也極為普遍的甜食，特點為用切絲的千層麵團包覆果仁及肉桂等香料，佐以大量蜂蜜，口感香甜酥脆。

聖誕蜂蜜堅果餅
Melomakarona
μελομακάρονα

具有淡淡的柳橙及白蘭地香味，淋上蜂蜜後再灑上堅果而成，是希臘人在聖誕節必備的蜂蜜糕餅。

杏仁糖霜餅
Kourabiedes
Κουραμπιέδες

有不同的形狀，但最常見的是圓形，容易入口的奶油糕餅，特色是此種糕餅會灑上厚厚的白色糖霜，是希臘復活節、聖誕節節慶糕餅。

香料核桃蛋糕
Spiced Walnut Cake
Καρυδόπιτα

是一道具有豐富堅果口感，香氣十足的核桃蛋糕，是冬天不可或缺的糕點。

希臘甜甜圈
Loukoumades
Λουκουμάδες με μέλι

是麵團炸過後再浸在糖漿或蜂蜜後，灑上肉桂粉、糖霜或巧克力醬，是希臘流動攤販時常可見的國民甜食。

蛋奶酥皮派
Galaktoboureko
γαλακτομπούρεκο

將綿密的塔皮與蛋糕相結合，再浸入檸檬及澄汁中，口感相當特別。

燒烤小吃類

旋轉烤肉
Gyros *γύρος*

餐廳廚師在製作Gyros烤肉。

串燒烤
Souvlaki *σουβλάκι*

串燒可與檸檬、番茄等材料搭配。

皮塔肉捲餅
Pita-Gyros *πίτα γύρος*

以刀削的牛肉、豬肉或雞肉加入皮塔餅捲起來。

除了Tzatziki醬外，也可加芥茉與番茄醬。

還有不捲起來的拼盤。

咖啡

即溶冰咖啡
Frappe *Φραπέ*

希臘咖啡
Greek Coffee *ελληνικός*

冰卡布奇諾
Cappuccino Freddo *καπουτσίνο φρέντο*

希臘流行的即溶冰咖啡，口味稍甜。

希臘咖啡亦即不濾渣的咖啡，口感較濃厚，且帶苦味，小小一杯，大概兩口就喝完了，可以嘗鮮看看。

冰卡布奇諾是希臘夏日最熱門的飲品之一，常常可以看到人手一杯。雖然都叫卡布奇諾，但喝起來的口感比台灣略微少了一點奶味，像是比較稀的冰咖啡，而且有半杯都是冰塊和奶泡，喝完一大杯還是有種不過癮的感覺，難怪希臘人會一杯接一杯的喝。

酒類

酒原本是透明的，一滲水就變成乳白色

茴香酒
Ouzo ούζο

Ouzo是希臘飲酒文化的象徵之一，酒精濃度雖不高，但由於似八角的口味特殊，並非人人可接受。

啤酒
Beer μπύρα

Mythos Beer、Fix Beer、Alfa Beer皆是希臘著名啤酒。

希臘葡萄酒
Krasi κρασί

Krasi即希臘文「酒」的意思，據稱希臘釀酒史超過6,000年，一般為家庭飲酒之用，若在小餐館內點Krasi，有機會可喝到風味獨特的私釀酒，是與希臘菜相當搭合的酒類。

水果

葡萄
Grapes *σταφύλια*

有黃綠色及黑紫色之分，黃綠色較香甜多汁，且大多數的品種都不用吐皮。

石榴
Pomegranate *ρόδι*

西洋梨
Pear *αχλάδι*

番茄　　Tomato *ντομάτα*

香甜又多汁的番茄，在希臘常作為料理之用，但也可直接當水果吃。

無花果
Figs *σύκα*

味道香甜，果肉柔軟，帶有獨特的香氣。在希臘買相當便宜又好吃，可趁機多買一點，好好品嘗。

希臘用餐須知

餐廳用餐步驟

Step 1 服務生帶位

希臘餐廳的服務基本上相當周到。可直接請服務生找一個自己較喜歡的座位，若在用餐期間發現座位仍不是很喜歡，可請服務生換其他座位(希臘天氣乾燥，氣候怡人，因此許多人喜歡坐戶外座位)。

Step 2 看菜單

就座後，通常服務生會先倒白開水(冷或冰水)。許多希臘人點餐是不看菜單的，所以如果服務生沒有主動拿菜單過來，可向他們索取，但不一定會有英文菜單。也可請他們推薦餐點。

Step 3 上菜

餐點若有遲上的情形，可直接招手請服務生過來反應情況。

餐點上了之後，大多會附麵包(希臘人主食)，通常要付費，但價錢非常便宜，若不吃的話，就請他們收回去即可。

希臘餐具以刀、叉、湯匙為主，若有加點飲料，則會另外準備杯子。用餐期間若需添加白開水，可隨時請服務生倒水。

請注意：有些餐廳的水會另外收錢，這種通常在一開始倒水時，服務生就會先問要一般開水還是氣泡水，如果不想另外付費買水，可直接請服務生送自來水(Tap Water)就好，實在喝不習慣自來水的

人，可以不用點水，或點其他飲料替代。

Step 4 結帳

結帳時不用離開座位，只要招手跟服務生說要結帳，他們便會拿帳單來桌邊結帳。若服務生在忙，也可直接將金額放在桌上，然後直接離開。

服務費：希臘餐廳絕大部分會收服務費，金額由政府統一調整。2012年起餐廳加值稅(服務費)已調升至23%，大家在結帳時可確認一下含服務費的總金額是否有誤。(加值稅逐年調整，要看清楚)

小費：基本上不用給，若覺得服務周到可酌量給小費(離座前放於桌上)，為總金額的1～5%不等。

用餐時間大不同

希臘人用早餐的習慣是出名的差，有些希臘人僅以一杯咖啡就代替早餐或直接省略不吃，因此早餐時間較難估算。午餐及晚餐的用餐時間較晚，午餐約中午1、2時之後，晚餐約為晚上8、9點之後。

因此，若要到當地餐廳用餐，基本上不用訂位，因為若依照我們習慣的用餐時間前往用餐，餐廳通常是空無一人。

⁉️ 室內禁菸情形

希臘實施公共場所室內禁菸的法令，同時規定超過70平方公尺的場所必須提供吸菸區。然而，希臘許多餐廳仍無視法令的存在，尤其在咖啡館或酒吧，仍時常看到希臘人隨手點菸，其他人也都不以為意。因此，若不喜菸味的旅客，來希臘必須要有心理準備。若不能接受菸味，可以在就座前先請服務生安排適當的位置。

看懂菜單&收據

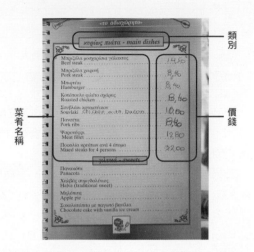

大部分是收帳機列印的小張帳單，有的傳統餐廳會直接用手寫。收據的大小及樣式，依店家而異。

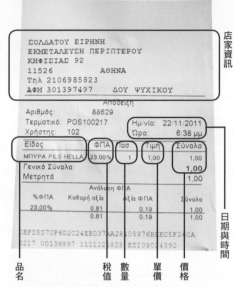

看懂菜單並不難，因為在熱門觀光地點的餐廳，店家幾乎都會提供英文菜單，若遇到只有希臘文菜單的店家，則可依關鍵字配合本書來點菜，或用英文請店家推薦該店的特色餐點。

一般餐廳中，點完餐後，侍者會送上一張帳單，結帳時侍者會依據帳單收費，此帳單於付費後可帶走作為收據之用。

類別	英文	希臘文
開胃菜	Appetizer	Ορεκτικά／ορεκτικό
沙拉	Salad	Σαλάτες／σαλάτα
主食	Main dish	Κυρίως πιάτα／κύριο πιάτο
通心麵	Macaroni	Ζυμαρικά
燒烤	Grill	Ψητά
魚	Fish	Ψάρια
海鮮	Seafood	Θαλασσινά
三明治	Sandwich	Σαντουίτς／Σάντουιτς
吐司	Toast	τοστ
軟性飲料	Soft drink	Αναψυκτικά
酒精類飲料	Alcohol	Ποτά／αλκοόλ
熱飲	Hot drinks	Ζεστά ροφήματα
果汁	Juice	Χυμοί／χυμό
啤酒	Beer	Μπίρες／μπύρα
酒	House wine	Κρασιά／κρασί
甜點	Dessert	Γλυκά／επιδόρπιο
冰淇淋	Ice cream	Παγωτά／παγωτό

以上表列是一個對照總表，未必每家餐廳都會有如此完整的分類，大部分餐廳皆只有部分分類。

⁉️ 飲水須知

雅典地區水質雖屬硬水質，品質尚佳，可以生飲，惟石灰質稍高，若不習慣味道者可以購買礦泉水飲用。一般至餐廳用餐或至咖啡廳喝咖啡時，服務生都會先上一杯冰水。大部分免費提供的水皆是由自來水(Tap Water)過濾，對於不想多花錢喝礦泉水的人是一好選擇；不習慣者，可另外加點瓶裝礦泉水。但是在小島則建議喝礦泉水，因小島水質鹽分較高，不適合飲用。

較知名的礦泉水牌子有Zagori及AVRA等

餐廳種類

希臘最普遍的餐廳為小餐(酒)館及咖啡廳,此外,燒烤小吃店提供串燒烤肉等小店鋪也隨處可見;近年來麥當勞、肯德基、必勝客等國際速食連鎖店,也是希臘人會前往的餐廳種類。

小餐／酒館 Taverna

希臘的小餐酒館是希臘傳統的餐館,提供各式傳統菜肴及酒類飲料,有些餐酒館裝潢相當復古,還有現場傳統音樂演奏。希臘人喜歡在餐(酒)館進行家庭或朋友聚餐,一時興起還會隨音樂起舞,氣氛相當歡愉。

燒烤小吃店

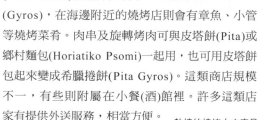

燒烤店提供各類肉串(Souvlaki)及旋轉烤肉(Gyros),在海邊附近的燒烤店則會有章魚、小管等燒烤菜肴。肉串及旋轉烤肉可與皮塔餅(Pita)或鄉村麵包(Horiatiko Psomi)一起用,也可用皮塔餅包起來變成希臘捲餅(Pita Gyros)。這類商店規模不一,有些則附屬在小餐(酒)館裡。許多這類店家有提供外送服務,相當方便。

熱情的燒烤小吃店員

現代希臘餐廳

現代希臘餐廳意指沿襲傳統菜色,但料理方式與傳統有別,店內的裝潢更是極具創意。經過現代改良的元素,讓傳統希臘餐館更能走入現代潮流。

餐(酒)館

咖啡廳 Cafe'

希臘的咖啡廳相當盛行,是希臘人生活的一部分,也是社交、聚會的重要場合,這些咖啡廳的顧客服務周到,且通常有餐點可供選用,相當方便。希臘氣候乾燥溫和,陽光充足,因此大部分人喜歡在戶外座位享用咖啡,談論生活。較知名的連鎖咖啡廳:國外進駐者為美國的星巴克(Starbucks),國內則有Coffee Island、Everest等較知名。

01希臘傳統咖啡店／02Coffee Island是希臘品牌的連鎖咖啡廳，近年來深受希臘大眾歡迎／03美國的星巴克並非希臘人的最愛，部分還因經營不善而關店，原因除了較貴以外，也因當地咖啡店種類多所致；此外，有些人認為星巴克咖啡加了太多味道，以致咖啡原味都不見了

速食店

　　近年來速食店在希臘餐飲市場占有一席之地，跨國連鎖速食店如麥當勞、肯德基、必勝客、達美樂等皆是希臘速食客常前往的地方。而希臘的連鎖速食則以有30、40年歷史的Goody's較知名，提供地中海及希臘風味的速食餐點。

04知名的連鎖速食店Goody's
05市區24小時的速食店
06,07麥當勞及必勝客在希臘也相當熱門

麵包糕餅店

麵包糕餅店是希臘一般老百姓的重要食物來源，有許多各式麵包或糕餅甜點可供選擇，麵包是希臘人主食之一，種類相當多，口感也不同；希臘也有相當多的傳統糕餅甜點，可以一試，但希臘甜食非常甜，因此許多遊客無法接受這樣的口味。

較知名的連鎖店為Constantinides Bakery及Cafe Veneti，麵包糕點種類繁多，並提供口感甚佳的咖啡，是咖啡店與麵包糕餅店相結合的絕佳例子。

01糕餅店的餅乾堆疊成塔／02糕餅店也販售希臘傳統甜食／03知名的希臘連鎖麵包咖啡店BENETH／04知名的希臘連鎖糕餅店Constantinides Bakery

路邊攤

希臘的路邊攤不如台灣發達，種類也相當少，但若是在路上臨時找東西吃，可以試試看路邊攤的食物。大部分路邊攤販售麵包、各式堅果、烤玉米或烤栗子，也有販賣油炸的甜食如希臘甜甜圈(Loukoumades)或者傳統熱飲野蘭花茶(Salepi)等。

05在Monastiraki捷運站前還可看到販售Salepi的攤販。這種希臘傳統的熱飲口感濃稠，並有花茶香氣，但近幾十年來已陸續被咖啡所取代／06販賣希臘傳統甜點Loukoumades的攤販／07販賣棉花糖的攤販／08水果攤的當季水果相當新鮮可口

省錢用餐法

在希臘餐廳用餐價錢普遍昂貴，若用餐預算較不足者，有幾種方式可以省錢吃到希臘的道地美食：

善用超市： 可採購當地食物及飲料。超市的商品較餐廳便宜許多，有許多只要加熱即可食用的道地食物，相當方便。飲料價差亦大，因此可以直接由超市購買。

外帶： 不就座用餐。部分餐廳外帶不加收服務費，會較就座用餐便宜，因此可以詢問價格有無不同，並選擇外帶用餐。

貨比三家： 同樣的食物在不同餐廳的價錢並不同，因此可以多比較，或請當地人推薦，找到價格實惠又風評尚可的餐廳用餐。

推薦餐廳

以下價位皆不含飲料及酒，僅供參考。此外，最好在前往餐廳前先打電話詢問營業時間，以免撲空或客滿。

燒烤小吃店

Σουβλακι του Χασάπη

The Butcher's Souvlaki

擁有40多年歷史，是憲法廣場附近最老牌的燒烤小吃店，店面狹小且內無坐位，顧客多為希臘當地人，食物種類雖不多，但最傳統道地，不過老闆不會說英文。

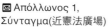

✉ Απόλλωνος 1,
Σύνταγμα(近憲法廣場)
☎ (210)322-0459
💲 每人5～15歐元

ΜΙΚΡΟ ΠΟΛΙΤΙΚΟ

Mikro Politiko

這家是當地近年來相當熱門的燒烤餐廳，餐廳位置在衛城山腳下觀光區域，座位不多，但因為價格合理且口味道地，因此頗受觀光客喜愛。

✉ Areopagitou 8,
ΑΚΡΟΠΟΛΗ ΑΘΗΝΑ
☎ (210)321-7879
💲 每人約10～15歐元

Θανάσης

O Thanasis kebab Monastiraki

人潮川流不息，深受觀光客喜愛，旺季每天都有許多人在露天座位用餐。

✉ 69 Mitropoleo, Athens 10555, Greece
☎ (210)324-4705
💲 每人約10～15歐元

ΣΑΒΒΑΣ

Savvas Restaurant

與O Thanasis kebab Monastiraki 餐廳一樣，也是一家受到觀光客青睞的燒烤店。

✉ 91 Ermou, Athens 10555, Greece
☎ (210)321-1167
💲 每人約10～15歐元

BAIRAKTARIS

時常大排長龍，深受許多觀光客喜愛，最熱門的為希臘肉捲餅。

✉ 5 Pl. Monastirakiou, Athens 10555, Greece
☎ (210)321-3036
💲 每人約8～15歐元

希臘傳統餐館 Taverna

HERMION

餐廳裝潢高雅，且菜肴道地，食材新鮮，品質相當穩定。雖位於普拉卡鬧區，但有隱密的中庭花園供戶外用餐，鬧中取靜，可體驗希臘人悠閒的用餐氣氛。

✉ 15 Pandrossou, Athens 10556, Greece
☎ (210)324-6725　　💲 每人約20～30歐元
🌐 www.hermion.gr

Taverna Plaka

擁有40多年的歷史，是普拉卡區知名的小餐酒館，連當地人都愛光顧。較有特色的是海鮮魚類菜肴及自製甜點，其他傳統希臘菜也相當可口。

✉ 16, Kidathineo str., Plaka, Athens
☎ (210)323-2334　　💲 每人約12～22歐元
🌐 www.tavernaplakaatlanta.com

The Old Tavern of Psara

位於衛城山腳下，是在普拉卡區相當熱門的小餐酒館，許多遊客皆會在此用餐，值得來嘗試。

✉ 16, Erechtheos & Erotokritou str., Plaka, Athens
☎ (210)321-8733　　💲 每人約15～25歐元
🌐 www.psaras-taverna.gr

ΠΛΑΤΑΝΟΣ
Platanos Taverna

傳統希臘小酒館，提供美味的傳統希臘菜。

✉ Διογένους Diogenous 4, Πλάκα Plaka
☎ (210)322-0666　　💲 每人約20～30歐元

TZIZTIKAΣ KAI MEPMYΓKAΣ
Tzitzikas kai Mermigas

這家名為「蟬與螞蟻」的餐廳，提供相當美味的餐點，價格實惠。

✉ 12 Mitropoleos, Athens 10563, Greece(近憲法廣場)
☎ (210)324-7607　　💲 每人約18～28歐元

猜猜這是什麼？

Ⓐ 紅甜菜根(beetroot)！此根莖類食材自古便是歐洲人每天的主食之一，切開後色澤紫紅並有甜味，含豐富的鐵質以及磷和鉀，造血與補血的效果佳，也非常適合素食者攝取鐵質。

Ⓑ 朝鮮薊(artichoke)！有蔬菜中的貴族之稱，在古希臘便被當用食材及醫學治療之用。朝鮮薊含有珍貴的物質成分，長期以來被地中海沿岸人們用來保護和恢復肝臟的機能。

飲食篇

ΔΩΡΙΣ
DORIS

僅提供午餐,價格相當便宜,卻是有悠久歷史的傳統小酒館(超過100年)。提供美味的茄子肉醬派(Moussaka)及希臘甜甜圈(Loukoumades)。

✉ Πραξιτέλους Praxitelous 30, Αθήνα
☎ (210)323-2671　💲 每人約7~15歐元

Saloon Piano Restaurant

創始於1971年,是雅典第一家現場演奏鋼琴音樂餐廳,提供優質的美食與音樂伴奏,時常聚集許多文人雅士與藝術創作者,用餐氣氛浪漫、輕鬆,但位置隱密靜謐,一般遊客不易找到。

✉ 36 Alkmanos, Athens 11528, Greece(Megaro Moussikis捷運站附近)
☎ (210)724-2208　💲 每人約18~28歐元

ΣΤΡΟΦΗ
Strofi Restaurant

餐廳頂樓露台擁有絕佳景觀,可眺望衛城,是享受夏日夜晚的好去處,亦為政商名流時常光顧的店,提供美味的前菜、烤排餐、魚類料理等佳肴。

✉ 25 Rovertou Galli, Athens 11742, Greece
☎ (210)921-4130　💲 每人約20~25歐元
🌐 www.strofi.gr　　@ info@strofi.gr

ΜΠΑΡΜΠΑΔΗΜΟΣ

位於派瑞斯港附近,是筆者的私房餐廳,食物傳統且道地,該餐廳的沙拉和開胃菜相當出色,是當地的熱門餐廳,假日常客滿,在熱門時段要先預訂才有位子。

✉ Geor. Theotoki 2, Pireas 185 37, Greece
☎ (210)452-8500
💲 每人約10~20歐元

01HERMION／02餐廳的裝潢相當復古但別具特色／03該餐廳的室內仍保留傳統的模樣／04假日人潮眾多,時常客滿

海島風味餐廳

ΑΛΑΤΣΙ
ALATSI

餐廳與酒吧複合式，創店以來得過數項大獎，相當難得。提供正統克里特島風味餐，克里特島料理特色為簡單烹調，健康美味，不用過多的調味讓菜肴失去自然的風味。本店的魚排、烤羊排餐相當可口。

✉ Vrasida 13, Athens(希爾頓飯店對面街道內)
☎ (210)721-0501　💲 每人約25～35歐元

ΠΑΠΑΔΑΚΗΣ
PAPADAKIS

提供Paros島風味餐。特色為新鮮的醋醃海鮮(如章魚及蝦類等)前餐、新鮮魚湯及魚排等，但價位較高。

✉ 15 Fokilidou and Voukourestiou Sts., Athens 10673, Greece
☎ (210)360-8621　💲 每人約40～60歐元
🌐 www.argiro.com.gr

海鮮餐廳

ΚΟΛΛΙΑΣ
KOLLIAS

魚貨新鮮且餐點富有特色，價格卻不昂貴。餐點種類繁多，且相當美味可口，是值得光顧的海鮮餐廳。由於時常客滿，因此最好事先訂位。

✉ Λεωφόρος Συγγρού 303 και Δημοσθένους, Syngrou Avenue 303, 175 64 Athens
☎ (210)940-8620　💲 每人約20～40歐元
🌐 www.kollias.gr

ΜΙΛΟΣ
MILOS

高價位餐廳，每日提供最新鮮的海鮮餐(推薦章魚及煙燻鮭魚)。

✉ 46, Leof. Vasilissis Sofias, Athens 11528, Greece
☎ (210)724-4400　💲 每人約40～80歐元
🌐 www.milos.ca/restaurants/athens

吃素怎麼辦？

雖然希臘純素食餐廳相當少，但大部分餐館皆有不含肉類的食物，因此不用太擔心找不到東西吃。茹素者在點菜時，建議可向服務生表明你的菜是一點肉都不能沾到(Strict Vegetarian)，通常服務生聽到就會相當小心，特別處理。若真的發現有小肉塊，可立即反應，並請他們換新的一盤。以下推薦幾間素食餐廳。

Avocado
提供各式素食餐點，服務相當周到。

✉ Nikis30, Syntagma, Athens
☎ (210)323-27878　🌐 www.avocadoathens.com

Meson el Mirador
有全套素食菜單(從前菜到甜點)可供選用，價位稍高。

✉ Assilaou 88, Kerameikos, Athens
☎ (210)342-0007　🌐 www.el-mirador.gr

Mystic Pizza
提供素食披薩、義大利麵及沙拉等餐點。

✉ Emmanouil Mpenaki 76, Exarxia, Athens
☎ (210)383-9500　🌐 www.mystic.com.gr
💲 每人約10～20歐元

ΙΣΤΙΟΠΛΟΪΚΟΣ
ISTIOPLOIKOS

餐廳建在甲板上面，擁有相當好的碼頭景觀，除了海鮮餐廳外，也有咖啡廳提供喜愛夜生活人士前往。推薦鮭魚餐及牛小排餐。

✉ Mikrolomano Coast, Piraeus - Ακτή Μικρολίμανου, Πειραιάς
☎ (210)413-4084　💲 每人約35～45歐元
🌐 www.istioploikos.gr

JIMMY AND THE FISH

必去海鮮餐廳，推薦龍蝦義大利麵及紅酒燉章魚。環境相當舒適，室內裝潢以1960年代帆船為主軸，餐點的特色是漁貨新鮮且烹調相當精緻。

✉ Address: 46 Akti Koumoundourou, Mikrolimano, Piraeus
☎ (210)412-4417　💲 每人約30～45歐元
🌐 www.facebook.com/Jimmys-Fish

希臘超市及傳統市場

超市

　　超市是許多希臘人物資來源，由於超市數量多，普及各地，價格也合理，因此許多人習慣上超市買日常用品及食材。在希臘較知名的超市如A.B. Vassilopoulos、Sklavenitis及Bazaar等，皆是熱門的購物地點，連鎖店相當多，另外，國外品牌超市如法國的家樂福(Carrefour)及德國的Lidl等超市也頗為普及。

A.B. Vassilopoulos
🔗 www.ab.gr/en
Sklavenitis
🔗 www.sklavenitis.gr

Lidl
🔗 www.lidl-hellas.gr
Bazzar
🔗 www.bazaarsm.gr

01 A.B. Vassilopoulos
02 Sklavenitis 超市

超市賣哪些吃的東西

多數超市賣的東西有：

新鮮蔬果

起司及各類乳製品

肉類

熱食

飲料果汁

加熱食品

超市購買生鮮蔬果流程

Step 1　選擇蔬果

　　自行拿塑膠袋，每袋裝同一種蔬果。

Step 2　秤重

　　秤重時服務人員會把價格貼紙貼上。

Step 3　確認價格

　　確認無誤後，與其他購買物品一起至櫃檯結帳。

傳統市場

中央市場(Central Market)

希臘文稱Agora，位於Omonia附近，是雅典地區各式魚肉類及雜貨集散地，售價相當便宜，並有議價空間。但要注意的是，近年來有少部分不肖商家會在肉、魚貨塗抹福馬林，讓肉品看來更新鮮，因此要多詢問參考比較，才不會買到黑心食品。

中央市場

中央市場肉品貨源新鮮且價格便宜

戶外流動市集(Laiki)

市區各地每週皆有流動市集，時間約從上午至下午2、3點左右，但日期、確切地點及規模大小則不同，想知道最近的流動市集在何處，最好事先詢問所住旅館，以免白走一遭。

流動市集所販售的東西，皆為當季的生鮮蔬果及魚貨，也有雜貨及成衣商品等，樣式繁多，價格也相當公道，且多可議價。若時間允許，可以去體驗一下當地人的生活。

戶外流動市集販售當季新鮮蔬果及食材

橄欖

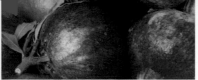

戶外流動市集的商品質優

飲食篇

雅典流動市集日期與地區一覽表　　　製表／林少凡、艾米莉

日期	地區
週一	Holargos，Goudi，Patissia，Papadiamantopolou near Agia Thomas
週二	Zephyri Pangratti，Hatzikyriako(派瑞斯港附近)，Kypseli
週三	Kolonos，Ag. Andreas，Gyzi，Peristeri
週四	Glyfada，Kato Patissia，Sepolia，Pandionis，Thission，Nea Psyhico(Katehaki)，Petralona，Kypseli
週五	Koukaki，Xenokratous，N. Iraklion，Ag. Stefanos，Kolonaki，Palio Psyhico(Ag. Dimitrios)
週六	Ambelokipi，Panormou(捷運站旁)，N. Kosmos，Platia Attikis

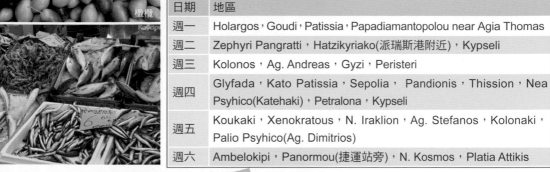

指指點點希臘文 Σθπ

應用單字

座位／κάθισμα／seat
水／νερό／water
湯匙／κουτάλι／spoon
叉子／πιρούνι／fork
吸管／καλαμάκι／Straw
杯子／ποτήρι／glass
盤子／πιάτο／plate
礦泉水／μεταλλικό νερό／Mineral water
冰水／παγωμένο νερό／ice water
熱水／ζεστό νερό／hot water
可樂／κόκα κόλα／coke
咖啡／καφές／coffee
沙拉／σαλάτα／salad
主菜／κύριο πιάτο／main dish
甜點／επιδόρπιο／dessert
加鮮奶／με το γάλα／With milk
無菸區／μη καπνιστών／Non-smoking area
水果／Φρούτα／Fruits

實用會話

這道菜是什麼？
Τι περιέχει αυτό το πιάτο?
What is it in this dish?

有沒有素食餐點？
Έχετε χορτοφαγικό μενού?
Do you have vegetarian menu?

有沒有特色餐點？
Έχετε κάποιο σπέσιαλ γεύμα?／Any special meal?

請給我菜單。
Τον κατάλογο, παρακαλώ.
Menu, please.

我要喝礦泉水。
Θα θέλαμε ένα μπουκάλι με μεταλλικό νερό.／I would like to have a jar of <u>mineral water</u>.

我要結帳。
Το λογαριασμό, παρακαλώ.
Check, please.

請多給我一根湯匙。
Παρακαλώ δώστε μου ένα ακόμη κουτάλι.／Please give me one more <u>spoon</u>.

這道菜很好吃。
Αυτό έχει υπέροχη γεύση!
This one tastes good!

我點的菜還沒來。
Που είναι το φαγητό μου/μας.
Where is my/our food?

玩樂篇
Sightseeing

希臘，哪裡最好玩？

來希臘旅遊，一定要去愛琴海小島，一定要登雅典衛城！歷史悠久的希臘充滿了古文明的文化餘韻，又有著最迷人浪漫的景色與快樂悠閒的氣氛，本篇介紹本島、小島的著名推薦景點，並提供主題玩樂及行程建議，方便你規畫遊程。

希臘本島景點推薦

希臘北部

帖撒羅尼迦
Thessaloniki

世界遺產

名列聯合國教科文組織世界遺產，希臘第二大城，也是通往其他東南歐國家的重要交通樞紐、巴爾幹半島重要的經濟及商業中心。此地以國際電影節及國際商展聞名，此外，該城市

已有2,300年歷史，有諸多文化遺跡留存，如拜占庭、羅馬、鄂圖曼土耳其及猶太等，因此被認為是希臘的文化重鎮。

➡ 可至雅典的長途巴士總站搭車，或搭乘火車，車程大約6小時

艾德莎
Edessa

希臘著名的水城(Town of Waters)，以其瀑布聞名。艾德莎連同附近的佩拉鎮(Pella)，為史上著名君王亞歷山大大帝的誕生及發跡地。艾德莎鎮下方的古代遺跡及傳統街道也非常值得一覽。

➡ 可由帖撒羅尼迦巴士轉運站(Macedonia Intercity Bus Station)搭乘巴士，或火車站搭火車，車程皆約2.5小時

希臘中部

德爾菲
Delphi

世界遺產

名列聯合國教科文組織世界遺產。在希臘神話裡，此地是德爾菲神諭頒布的所在地，也是祭祀阿波羅神的主要場地，又被稱之為古代的世界中心。

德爾菲阿波羅神殿

該景點除古蹟外，還有值得一覽的德爾菲博物館，展示當地出土的文物，其中以德爾菲甲骨文祭壇所出土的物件最為重要。

➡ 於雅典市搭乘近郊巴士(Suburban Buses)前往，單程約3.5小時
🌐 近郊巴士查詢網站：www.ktel-trikala.gr
💲 遺跡門票12歐元，但不定期會有免費開放日，出發前可先上網查詢

愛奧尼納
Ioannina

希臘中部西北方，艾比羅斯省(Epirus)最大城，是希臘最美麗的城市之一，以保存良好拜占庭建築及Pamvotis的美麗湖畔最為聞名。此城位於Pamvotida湖畔，於西

愛奧尼納Pamvotis湖景

元6世紀由拜占庭帝國皇帝賈斯丁尼恩(Justinian)所建，其後被鄂圖曼土耳其人所統治。在16～19世紀期間，該城是現代希臘哲思的啟蒙中心。

➡ 可至雅典的長途巴士總站搭車，車程約7小時

玩樂篇

梅特歐拉
Meteora

世界
遺產

意思為「懸浮在天空之上」的城市，名列聯合國教科文組織世界遺產，是希臘最重要、規模也最大的東正教修道院建築群。位於希臘中部色薩利平原西北邊，當中有24座修道院(其中6座仍現存完好)，分別建築在不同的天然高聳砂岩支柱上，景色相當奇特。此地為國人熟知的天空之城，是希臘中部最熱門的景點。最近的城鎮是卡蘭帕卡(Kalambaka)。在梅特歐拉6座保存至今的修道院中，有4座為修士居住，另外2座為修女居住。現在各修道院的居住人口，都已經不到10人。

➡️ 從雅典前往梅特歐拉最方便、快速的方法，就是搭乘希臘國鐵，每天來回各有一班直達車，從雅典Larissa火車站往來梅特歐拉山腳下的小鎮卡蘭帕卡，早去傍晚回，單程約5.5小時。除了這班直達火車，要從雅典來回卡蘭帕卡，都必須轉車，相當耗時耗力，很不建議
🌐 希臘國鐵查詢網站：www.trainose.gr/en

有時雲霧遮住岩石，修道院就彷彿飄浮在雲上，「天空之城」因而得名

每間修道院都有自己的釀酒廠

木桶裡都是準備用來釀酒的葡萄

⁉️ 梅特歐拉火車票
經驗分享

在事前預訂雅典到天空之城－梅特歐拉(Meteora)火車票時，一開始登入希臘國鐵網站，無論用英文版還是希臘文版，都找不到任何一班4月分的火車時刻表，起初我以為也許是2個月前才能開放預訂，但突然轉念一想，前幾天好像看到希臘罷工的消息，上網一查，果然還在罷工，全國鐵路停駛，因為沒有復工日期，連帶車票也不給訂。就這樣又過了2個星期再上希臘國鐵網站，車次表出來了，也給訂票了，只能說要去希臘，除了心臟要很大顆，隨時接受突發狀況，還要有見招拆招的本事，才不會亂了行程和心情啊！

梅特歐拉修道院開放時間為09:00～16:00，每週二不開放，買車票，規畫行程時，須考量時間

伯羅奔尼撒半島

邁錫尼
Mycenae

世界遺產

名列聯合國教科文組織世界遺產，距雅典約90公里，以希臘青銅時代邁錫尼城遺址聞名，包括王宮、要塞及墓穴，出土的文物豐富，大多收藏於位於雅典的國家考古博物館。

邁錫尼獅子門(The Lion Gate)

◎ 每天開放，夏季(4/1～10/31)08:00～20:00。冬季(11/1～3/31)08:00～15:00
$ 12歐元

那普良
Nafplio

位於半島的西北方，為一座海港古城，也是現代希臘的第一座首都(1821～1834年)。那普良及丘陵上的帕拉米蒂城堡(Palamidi Fortress)是現今熱門的觀光景點。

➡ 可於雅典市長途巴士總站搭乘巴士，車程約2.5小時

艾比達羅斯
Epidaurus

世界遺產

艾比達羅斯古劇場

名列聯合國教科文組織世界遺產。艾比達羅斯是近薩羅尼克灣(Saronic Gulf)的一個古城鎮，附近約8公里處的古希臘醫療之神阿斯克里皮歐斯聖殿(Sanctuary of Asklepios at Epidaurus)，以及古劇場(Epidaurus Theatre)是知名的景點。古劇場於夏季會舉行文藝表演，是少數至今仍在使用的古劇場，相當特殊。

➡ 可於雅典市長途巴士總站搭乘巴士，車程約2.5小時
◎ 每天開放，夏季(4/1～10/31)08:00～20:00。冬季(11/1～3/31)08:00～15:30
$ 12歐元

那普良Palamidi城堡一景

玩樂篇

斯巴達
Sparti / Ancient Sparta

世界遺產

斯巴達是聞名於世的古希臘城邦，在西元前10世紀形成政治體制，並於西元前650年左右成為古希臘世界的主要軍事力量。斯巴

李奧尼達斯銅像

達的獨特之處，在於該城的政治及社會結構皆以軍事為導向。最知名的人物莫過於斯巴達國王李奧尼達斯(Leonidas)，他率領三百壯士抵禦波斯軍隊的入侵。雖然現代斯巴達早已沒落，但由於其特殊歷史地位，仍值得探訪。

➡ 可於雅典市長途巴士總站搭巴士，車程約4小時

摩納瓦西亞
Monemvasia

遠眺摩納瓦西亞半島

位於伯羅奔尼撒半島東南方的一個小型半島上，與本島係由200公尺的灣道聯結，主要景點為半島上建於海平面100公尺的小高原的中世紀古代堡壘，保存相當完整。

➡ 可於雅典市長途巴士總站搭乘巴士，車程約4.5小時

米斯特拉
Mystras

世界遺產

名列聯合國教科文組織世界遺產，距離斯巴達約8公里，是古代著名的堡壘城。該城約起建於13世紀，遺址至今

米斯特拉遺址中的教堂

保存完整，是14、15世紀拜占庭建築風格。該城一直到鄂圖曼土耳其時期仍有人居，曾被誤認為古代斯巴達所在地。1825年在希臘獨立戰爭中，遭到戰火慘烈摧殘，整座城市逐漸被廢棄。1989年起名列世界遺產。

➡ 由斯巴達車站搭巴士，每2小時1班，車程約15分鐘
💲 12歐元
http 巴士網站：www.ktel-lakonias.gr/en
　　（選擇Routes→LOCALLY ROUTES→Sparti-Mystras）

古代奧林匹亞
Ancient Olympia

世界遺產

名列聯合國教科文組織世界遺產，以舉行古代奧林匹克運動會而聞名於世。現代奧運於舉行前，會在此地的赫拉神廟(Temple of Hera)前點燃聖火，然後一路傳遞至奧運舉辦國。

古代奧林匹亞遺址

➡ 可於雅典市長途巴士總站搭乘巴士，車程約5.5小時
◎ 每天開放，夏季(4/1～10/31)08:00～20:00。冬季(11/1～3/31)08:00～15:00
💲 夏季(4/1～10/31)12歐元。冬季(11/1～3/31)6歐元

希臘五大熱門小島

希臘全境共有6,000多個大小島嶼，其中只有227個島嶼適合人居。希臘有二大島群：愛琴海島群(The Aegean Islands)、愛奧尼亞島群(The Ionian Islands)。因為多島的地理特性，使得希臘的海岸線相當長，也造就了許多不同的海岸景觀。希臘小島除了擁有許多優質海灘外，更有相當多的歷史遺跡與古蹟值得探訪。

一般公認的前五大熱門小島為：聖多里尼島、克里特島、科孚島、羅德島以及米克諾斯島。由於希臘小島眾多，很難全部造訪，但若能先去熱門小島觀光，就足以充分感受希臘小島的不同風情。除了這五大小島外，帕摩斯島(Patmos)、納克索斯(Naxos)、提洛斯(Delos)也是頗熱門的小島。

各小島地圖及最新商店資訊可向住宿旅館、機場、租車公司或在旅遊服務中心索取，相當方便。另外，小島上的消費幾乎都比本島貴，尤以米克諾斯島最高。

如何選擇適合自己的小島

製表／林少凡

聖多里尼島	極適合喜愛攝影、藝術、購物、健行及夜生活的遊客。
克里特島	極適合喜愛自助開車、健行、沙灘、古蹟、攝影、藝術及夜生活的遊客。
科孚島	極適合喜愛沙灘、古蹟、健行及自助開車的遊客。
羅德島	極適合喜愛古蹟、購物、自助開車及夜生活的遊客。
米克諾斯島	極適合喜愛風帆、同志、攝影、藝術、沙灘、購物及夜生活的遊客。

玩樂篇

羅德島
Rhodes

世界遺產

羅德島是愛琴地區文明的起源地之一，有相當古老的忒爾喀涅斯(Telchines)神話，據說是羅德島的第一批居民。羅德島是希臘最東部的島嶼，與土耳其隔著馬爾馬拉海(Marmara Sea)相望。島上約半數居民住在島北部的羅德市中心，其老城、王宮以及雄偉的城牆被聯合國教科文組織納入世界遺產之一。西元12世紀時，多利安人在島上建立了Lindos、Ialissos、Kamiros三個都市，至西元前5世紀這些都市繁榮鼎盛，也是現今羅德島市的前身。島上有獨特的中世紀古城，也有很豐富的夜生活，海灘也

古城內之鐘塔

相當有名。在此島購物逛街也是很舒服的享受。也可再搭船至附近的小島參觀。

島上交通

1.巴士：羅德市中心有2個巴士總站，東站與西站分別負責島上的其中半邊交通運輸，費用從2.2～5.2歐元，上車購票。平日班次固定，週六班次較少，週日更少，搭車前可以到車站服務台或遊客中心領取巴士班次表，作為時間安排的參考。11號巴士會沿著海岸線環島一周，是遊客最容易搭到的巴士路線。

2.計程車、租車：兩者方面的資訊，可參考聖多里尼島的交通資訊P.130。

http www.rhodes.gr

必看景點

中世紀古城

古城內可充分感受中世紀氣息。城內商店及餐廳種類相當多，因此可以花一整天悠閒地在城內穿梭，相當享受。

聖尼可拉斯要塞

聖多里尼島

Santorini

希臘最知名的小島，也是火山島，別名提拉島(Thira Island)。島上的藍白建築是希臘建築的代言象徵。主要的2個鎮為費拉(Fira)及伊亞(Oia)，藍白建築襯以蔚藍大海及天空，美不勝收；傍晚夕照璀璨浪漫，是世界知名的旅遊勝地。

洞穴屋也是聖多里尼代表性的建築，這裡因火山爆發而造成的特殊地形，使希臘人依著險峻的崖壁岩石間鑿穴而居，這種洞穴屋可讓室內全年保持一定的溫度，相當有特色。近年來亞洲許多新婚夫妻喜歡來此地洞穴屋旅館度蜜月，取其「洞房」之諧音(洞穴屋住宿可見住宿篇)。

小提醒：島上兩個主要城鎮地形較為崎嶇且高低不平，因此有可能要費一番功夫把行李拉到山勢較高的住宿地點，要有心理準備。

島上交通

1. 巴士：有23條路線，幾乎涵蓋了整座聖多里尼島的各個城鎮之間連結，各路線平均每30分鐘～1小時一班車，費用為1.8～2.5歐元，都採上車購票。大部分巴士已經汰換成新型巴士，舒適乾淨，巴士前方也會用跑馬燈顯示要前往的目的地名字，如果真的不確定，可以直接問司機，大多都很樂意回答，或是告訴你應該要搭的巴士在哪裡。

富具特色的小鐘塔

黃昏的伊亞小鎮，此地是必拍的熱門景致

從聖多里尼機場到費拉市區約10～15分鐘車程，到伊亞約30分鐘車程；如果是從聖多里尼碼頭(Athinios Port Santorini)前往費拉市區，車程約25分鐘，到伊亞市區則要50分鐘。

2. 計程車：主要景點或是機場、碼頭等地方，都可以叫到計程車，也可請飯店代為叫車，但大多數不跳錶，所以上車前記得先談好價錢，以減少跟司機的糾紛，破壞出遊興致。

3. 租車：還算方便，機車或汽車都有，雖然也有海灘車，但為了安全考量，比較不建議較難操控的海灘車。租車需要準備護照、國際駕照與本國駕照，另外，由於島上到了旺季期間，幾乎都是國際觀光客，不同的駕駛習慣，加上路況不熟，有些路段甚至路況不佳，造成交通意外頻傳，如果真要租車上路，務必小心。

[http] 聖多里尼巴士網站：ktel-santorini.gr/ktel

⁉️ 訂船票經驗分享

在出發前兩個月，我就已經預先訂好米克諾斯島到聖多里尼島之間的船票，卻在出發前不到兩星期，收到一封 E-Mail 來信告知，我原本預定的船隻停駛，款項會退回信用卡，完全沒有任何理由，船票就被取消了，只好連忙趕訂另一家船票，才沒有打亂計畫。要知道在淡季的4月去希臘，一天通常只有1～2班船往返重要島嶼或雅典之間，當時我只能慶幸至少是在事前通知，還有機會調整與補救啊！

玩樂篇

必看景點

藍頂教堂

島上有好幾座藍頂教堂，較著名的在費拉鎮及Firostefani鎮交界，位於Santorini Palace飯店後方，可由費拉鎮沿著25 Martiou街往Firostefani鎮步行抵達 此教堂在不同時間點呈現不同風情，因此吸引許多人駐足流連。

伊亞夕照

伊亞鎮的夕照被認為是世界最美的夕景，是全島最浪漫的一個小鎮。其他地方的落日景色會被火山擋住，伊亞卻有觀看夕陽的最美角度，夕照輝映在藍白建築及海面上，美不勝收。

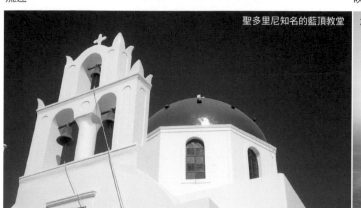
聖多里尼知名的藍頂教堂

浪漫的伊亞夕照

搭乘船班至火山島

整片岩層皆呈現暗紅色，相當特殊

活火山及溫泉(Santorini Volcano)

時間充裕者可選擇參觀活火山島套裝行程（洽各住宿旅館），通常是上午從Ammoudi或Armeni海灣出發，並在火山島(Nea Kameni島)停留，以及在Palia Kameni享受泡溫泉，最後參觀Thirassia島後返回本島。

紅海灘(Red Beach)

海灘以其岩層富鐵質、呈現暗紅色而聞名。有許多天體營愛好者在此曬日光浴。紅海灘必須要爬一段山路才能到視野最好的觀景點，亦可欣賞到不同於伊亞的夕照景色。

米克諾斯島
Mykonos

以豐富的夜生活及海灘聞名，素有4S之稱：Sun(陽光)、Sand(沙灘)、Sea(海)、Sex(性)，使得米克諾斯成為聞名世界的島嶼，近年來更成為了喜愛天體營海灘及同志的天堂。

島上的米克諾斯鎮(或稱Chora鎮)與聖多里尼的費拉及伊亞相較，規模雖然較小，約2小時就可逛完大部分街道，但該鎮蜿蜒狹窄的石板小徑、平易近人的建築，卻更讓人備感親切；日本知名作家村上春樹的《挪威的森林》一書即在此島完成，因此吸引許多亞洲，特別日本觀光客慕名前來。

漫步米克諾斯島

在米克諾斯島上，如果腳力和時間允許，活動範圍又大多局限在主鎮上，非常建議用走路的方式，慢慢體會這座小島的美麗。其實米克諾斯島上的藍與白建築，比聖多里尼島發揮的還要徹底，三不五時可以看到居民拿著白色油漆，粉刷牆壁或樓梯，就連大街小巷中的人行步道，都是每年重複刷上白漆線條，讓整座小鎮更顯一致性。而且巷弄兩旁的小店，從精品到手工藝品，從餐廳到冰淇淋店，應有盡有，只要放慢腳步，漫步在愛琴海的陽光下，吹著徐徐海風，悠閒逛逛，隨手拍照，相信你也可以在每一個轉角，都發現不一樣的驚喜。

01巷道十分蜿蜒狹窄，有如迷宮，有一說是為了抵擋土耳其人入侵，另一說為阻擋冬季海風灌入
02米克諾斯吉祥物大嘴鳥(Dalmatian Pelican)
03島上處處可見藍白相間的建築
04米克諾斯島一景

玩樂篇

島上交通

1.巴士：有26條路線，有些還是專門為觀光客而設計的景點之間相連路線，相當方便。主要發車站有2個，加上新、舊碼頭也各有接送點。票價為1～2歐元，發車班次約每30分鐘～1小時一班，暑假旺季期間，甚至有些來往海邊的班次會運行到凌晨2點，搭車前可以先向司機詢問末班車時間，或上網查詢。

2.計程車：島上最方便的長途移動方式，就是搭計程車，但這也是最貴的方式。價位每年都在調漲，還會因為淡旺季，或前往地點的難易度，而由司機喊價，再看乘客要不要接受而定，如果預算充足，又想在短時間內快速遊覽米克諾斯島，倒是不錯的選擇。

3.租車：與聖多里尼島相似，可以參考P.130。

http 米克諾斯巴士網站：www.mykonosbus.com

必看景點

卡托米利風車群(Kato Mili)

這5座基克拉澤式風車自16世紀起就成為米克諾斯的地標，雖然現在已停止運轉，但仍然是觀光客必造訪的景點。風車群在夜間會打上燈光，有不同的風情。

風車群是米克諾斯最著名的地標

⁉ 米克諾斯島搭船經驗分享

　　到了米克諾斯島當地，第二天其實島上整天的風都很大，原本以為這是米島常態，直到第三天到碼頭，準備搭船前往聖多里尼島時，才知道昨天因為風勢太強，所有船隻全部停駛，原本預定昨天搭船的人，全都沒有人能夠離開米島，剎那間我明白，難怪今天碼頭人潮滿滿，所以昨天吃晚餐時，才會看到街上好多人拖著行李到處找飯店，更可憐的是這些人還只能排今天船班的候補位置。因此，到希臘玩，天時、地利、人和真的都很重要！

小威尼斯(Little Venice)

　　Chora鎮西南側沿海處被稱為小威尼斯，因其建築依海而建，海灣上餐廳傍水臨岸，像極了義大利威尼斯的景色，是欣賞海景夕照的最佳地點，也因此這裡的餐廳價格較高。

小威尼斯一景

科孚島
Corfu

世界遺產

　　科孚島(Corfu)此一名稱是義大利文，意即「眾山峰之城」。由於小島曾被英國殖民，因此充滿英國風情，島上陽光充足、夜生活豐富、物價相對便宜，有許多卡拉OK及小餐館，且本小島不及愛琴海島熱門，對歐美人士而言是度假的好去處，加上有國際機場及往返義大利的國際港口，交通便捷，因此科孚島近年來成為歐美人士的旅遊勝地。2007年時，在國際文化紀念物與歷史場所委員會(ICOMOS)推薦下，聯合國教科文組織(UNESCO)將科孚島舊城區列入世界文化遺產名單，1994年的歐盟高峰會，也在科孚島舉行。

島上交通

　　1.巴士：從科孚島市中心有14條巴士路線，從巴士總站出發，呈輻射狀連通島上各主要城鎮。費用為1.5～4.8歐元，視路線通往的城鎮大小或熱門度不同，班次從一天2班到一天15班都有，週六班次比平常日要少，有些路線甚至在週日和國定假日時會停駛，行前最好事先查詢，以免浪費過多時間等巴士。

　　2.計程車：一樣採喊價制度，上車前記得先溝通好價錢。

　　3.租車：與聖多里尼島相似，可以參考P.130。

http www.corfu.gr

科孚島美麗的海景及建築

必看景點

Liston廣場旁的聖喬治及聖麥克宮

科孚古城
(Corfu Old Town/Kerkyra)

建於16世紀的古城至今仍是科孚島最重要的城鎮，漫步其中可充分感受古城風情；里斯頓廣場(Liston)是古城最具特色的街道及法式建築，廣場上的咖啡店及餐廳時常高朋滿座，可遠眺對面的堡壘。

阿基里斯宮(Ahillion Palace)

位於Gastouri鎮，是奧地利皇后伊麗莎白的避暑宮殿，故有夏宮之稱。宮殿建築古典具特色，至今仍陳列許多收藏品及歷史文件，是科孚島的主要觀光景點，旺季時參觀人潮擁擠。

舊要塞(The Old Fort)

起建於西元8世紀，是抵禦外侮的歷史堡壘，可遠眺對岸阿爾巴尼亞山景，充滿歷史與現代交雜的風情。

分隔本島與舊要塞的運河

阿基里斯腳跟受槍所傷之雕像

阿基里斯宮主體建築

克里特島
Crete

希臘的第一大島，歐洲古文明米諾斯文明的中心，由於地處埃及、希臘、義大利和腓尼基之間，因此自古就是戰略要衝與貿易重鎮。儘管克里特島的歷史只留在荷馬史詩之類的神話故事中，但史學家發現，人類在島上定居的歷史更為久遠，最早可追溯到無陶新石器時代。該島除了擁有悠久歷史及古蹟外，更有豐富的農產品及皮製品，尤以橄欖油聞名於世。該島深受英國旅行團喜愛，故有許多高價位的度假飯店，如果比較喜歡安靜，可在Hania搭車至Samarian峽谷參加健行活動。各大濱海城有很棒的海港，港邊餐廳及咖啡館林立，也有許多未開發的無人海灘，可以好好探險一番。

島上交通

1.巴士：島上唯一的大眾運輸工具只有巴士，但交通網相當周全，幾乎各個城鎮都有巴士往返於市中心，班次則視城鎮大小、景點熱門度、淡旺季而異，出發前建議上網查詢時間與價錢，甚至也可以先在網路上訂票，以便做島上行程安排。

2.渡輪：每年5～10月，克里特島上的Anendyk渡輪公司會提供許多城鎮間的渡輪服務，每日都有航班，有些渡輪還可載車輛，費用約15歐元，但須事先預約。

渡輪會從西南方沿海出發，往返於Paleohora，Sougia，Agia Roumeli Loutro，和Hora Sfakion等地。但由於渡輪會受到天候影響，建議出發前還是上網確認行駛狀況，比較保險。

3.計程船(Taxi Boats)：克里特島南方的幾座城鎮，包括Agia Galini，Plakias，Sougia與Hora Sfakion，還有一種由私人營運的計程船服務，專門載乘客到一些渡輪沒有停靠的地方，或是預約制的私人海灘，一次可載的人不多，收費也較貴，但

最為方便。計程船其實就像計程車一樣，有的由司機自行喊價，有的是公定價，叫船前務必先詢問清楚。

4.租車：基本上與聖多里尼島大同小異，可以參考P.130。但克里特島畢竟是希臘第一大島，地中海第五大島，總面積約8,300平方公里，是台灣的將近1/4，因此若要在島上自駕，要有心理準備的是，城鎮或景點之間的距離會比其他島要遠；偏遠地帶，尤其是南部地區，路況也多屬崎嶇山路，顛簸難行，最好能租四輪傳動的車輛；還有離開市區後，加油站一般較少，上路前最好先確認油量。

---

http 克里特島網站：www.incrediblecrete.gr
http 巴士公司網站：www.e-ktel.com
http 渡輪公司網站：www.anendyk.gr

必看景點

克諾索斯宮

克諾索斯Minoan宮

克諾索斯宮殿遺跡

雅典市中心著名區域簡介

普拉卡 (Plaka)

雅典最著名的舊城，巷弄間仍留有許多舊建築，充滿歷史沉積的氣息，也是當今觀光客必遊的區域。區域內有眾多的服飾店、紀念品店、皮製品店、仿製品店等各式商家，當然，許多希臘式餐廳及旅館也在這極具歷史意義的區域。若在雅典市停留時間不長，也一定要抽空到這個區域走走。

➡ 搭到Syntagma及Monastiraki捷運站

科羅納基 (Kolonaki)

名人雅士匯聚之地，許多政界、商界、藝文界等重要人士，時常出入這裡的咖啡館及餐廳。此區也是名牌精品商店林立之處，常可見一身名牌的希臘上流人士。此外，這裡也有豐富的夜生活，入夜後仍可見街上人潮眾多。

➡ 搭到Syntagma及Panepistimio捷運站

在科羅納基區等待紅綠燈的路人

01

02

01、02憲法廣場一景

Omonia廣場周邊

這裡因青年旅館及廉價旅舍林立，較為國人熟知，也是雅典市惡名昭彰的區域。Omonia在1970年代前曾風光一時，但沒落後，今日已充斥著來自中東、巴爾幹及北非的合法或非法移民，在街上兜售各式便宜商品。附近的中國城則是販售價格低廉的進口商品。入夜後，這個區域是雅典市最危險的地方，不時可撞見人們在暗處吸毒或非法交易。若非必要，不論日夜，盡量不要出入廣場周邊區域。如在本區投宿，務必嚴防自身財物及安全。

➡ 搭到Omonia捷運站

Omonia廣場

Makrigianni

位於衛城南側的區域，也是個古老區域，但近年來被積極重新打造為新興的景點。不僅重新整修人行步道，新咖啡館林立，在新衛城博物館開幕後，人潮更是蜂擁而至。

➡ 搭到Acropolis捷運站

Thissio

是衛城山腳下古老的區域之一，在這裡可充分感受數千年前存留的遺跡風華，也可以遙想當年蘇格拉底與他的學生在此區域對話的情景。本區緊鄰雅典市第一座公園，有很悠閒的步道，及許多戶外咖啡館，可選個好地點，與古蹟為鄰，慢慢遠眺欣賞衛城景觀，享受悠閒的咖啡時光。

➡ 搭到Thissio捷運站

觀光列車與巴士

如果不想走很長的路，又想逛完所有景點的話，可多花點錢搭乘雅典觀光列車（Happy Train）或觀光巴士，因為時限內可以隨意搭乘到任一景點參觀，也滿適合上了年紀的人使用。

雅典觀光列車行經雅典市中心及衛城周邊主要觀光景點，平均每半小時一班，夏天從09:00～23:00，冬天從09:00～21:00，單趟全程約40分鐘，票價為成人5歐元，孩童3歐元（依官網更新為準）。此外，亦可搭乘觀光巴士，目前由2家不同公司經營（車身為紅色及黃色），行程分2種：雅典市中心觀光，或雅典市中心加派瑞斯港。一張票通常在24小時內有效，也有多日票可選，持票可任意上下車，票價約為成人20～45歐元（依行程不同而定），孩童半價（票價依官網更新為準）。

雅典觀光列車官網
www.athenshappytrain.com
雅典觀光巴士官網
紅色車身：www.city-sightseeing.com/tour-Athens
黃色車身：www.athens-citytour.com

雅典觀光列車上車點，在憲法廣場與Ermou街口是雅典觀光巴士上車點，在憲法廣場對面郵局的前方，非常明顯易認

Psirri

此區有許多便宜服飾用品店及手工藝品店,也有許多的餐廳及咖啡店。但需注意的是,這裡的商店良莠不齊,有時不注意就會買到、吃到「地雷」商品,必須要貨比三家。此外,這裡也有許多的夜店、舞廳,收費稍高,但若要體驗這裡的夜店生活,不妨花點錢體驗看看。

▶ 搭到Monastiraki及Thissio捷運站

Monastiraki

這裡有觀光客最愛造訪的雅典跳蚤市場(Athens Flea Market)。雖稱為跳蚤市場,但多數是以店鋪經營的商店街,當然,也有部分是以地攤形式經營。這裡販售的商品極為多元,從現代服飾、運動用品到舊書店、古董店皆有,若喜歡逛街找便宜貨的人,可以輕易在這裡耗上一整天的時間。

▶ 搭到Monastiraki捷運站
🌐 跳蚤市場網站 www.athensguide.com/monastiraki.html

觀光統計小知識

根據希臘國家觀光局的問卷調查統計,國外觀光客對希臘事物最滿意的項目依序為:自然景觀與古蹟(52%)、親切良好的接待(41%)、希臘人的友善(33%)、食物(28%)、悠閒的氛圍(28%),歷史文化(24%)等等;此外,77%的觀光客表示會重遊希臘,84.9%會向親友推薦來希臘旅遊,84.8%表示對在希臘的假期感到滿意。(資料來源:MRB Hellas S.A.)

雅典跳蚤市場可買到各式紀念品。圖為陽具造型開瓶器。據說希臘神話中的普里阿普斯據傳被封為「陽具之神」,也是守護牧羊、釀酒、果園種植和捕魚的「豐收之神」,是希臘人相當崇拜的神祇之一

Monastiraki捷運站前的廣場是熱門的約會場所

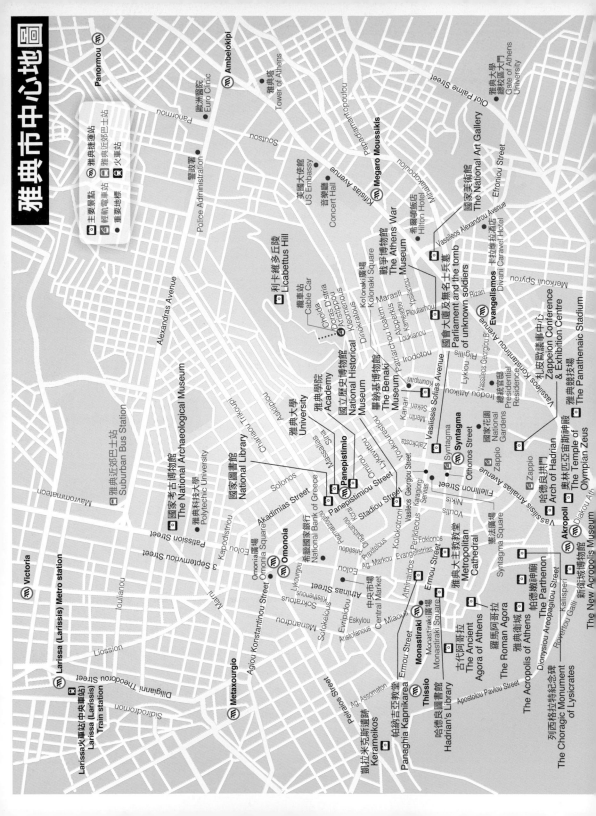

雅典著名景點推薦

古蹟

雅典衛城
The Acropolis of Athens

套票適用

　　名列聯合國教科文組織世界遺產，是世界上最知名的衛城，可看到雅典市全貌，感受古城的風情，是必去景點。雅典衛城建築在平坦的巨岩之上，高於海平面150公尺，最早的衛城於西元前3000年左右即建立，之後經過多次戰爭毀壞與重建，也曾作不同的用途，如碉堡及土耳其總督總署府。衛城內除帕德嫩神廟外，還有雅典娜神廟、厄瑞克修姆神廟等其他重要古蹟。

➡ 出Monastiraki或Thissio捷運站後，自衛城北側進入，或出Acropolis捷運站後自南側進入
🕒 每天08:00～20:00，最後購票入場時間19:30，部分國定假日不開放
💲 全票20歐元，半票10歐元，或用雅典古蹟套票全票30歐元，半票15歐元，此為其中一個景點。11月～3月每個月的第一個週日與部分國定假日免費
🌐 www.acropolisofathens.gr

衛城遠眺

踏進衛城區域，就是無止境的壯麗神殿建築

必看景點

帕德嫩神廟 The Parthenon

帕德嫩神廟

名列聯合國教科文組織世界遺產，帕德嫩神廟為紀念希臘女神雅典娜而建，雅典娜是希臘人眼中的處女守護神。神廟於西元前447年開始興建，西元前432年大致完工。該神廟被視為當今僅存最重要的希臘古典建築之一，不僅是古希臘及雅典民主體制的象徵，也是世界上最重要的歷史古蹟。

雅典景點套票 The Combined/Unified Ticket

在雅典旅遊可買景點套票，可逛市中心共七大景點，如右表。套票5天內有效，可在任一景點售票口購買，並在景點入口出示給工作人員，交由工作人員撕下該景點的門票部分。

七大景點原價總值56歐元，套票全票售價僅30歐元，若符合學生票或敬老票資格，還可享半價15歐元優惠；若在淡季時候(每年11/1～隔年3/31)前往，所有遊客皆可享有半價15歐元的優惠。

由於衛城是造訪雅典必去景點之一，單一門票就20歐元了，其他任意再加3個景點門票，就已經達30歐元，所以如果停留雅典的時間允許，列表中也有3個以上想去的景點，相當推薦購買套票，會是最省錢，也能省下每個景點排隊時間的好方法。

景點	全票原價	半票原價
1.衛城 The Acropolis of Athens	€20	€10
2.古雅典阿哥拉及古阿哥拉博物館 The Ancient Agora of Athens and the Museum of the Ancient Agora	€8	€4
3.凱拉米克斯與凱拉米克斯考古博物館 Kerameikos and the Archaeological Museum of Kerameikos	€8	€4
4.奧林匹亞宙斯神殿 Temple of Olympian Zeus	€6	€3
5.羅馬阿哥拉與雅典風之塔 Roman Agora of Athens and the Tower of the Winds	€6	€3
6.哈德良圖書館 Hadrian's Library	€4	€2
7.亞里斯多德學園遺址 Aristotle's Lyceum	€4	€2

製表／艾米莉

玩樂篇

奧林匹亞宙斯神殿
The Temple of Olympian Zeus

套票適用

獻給眾神之王(King of Olympian Gods)宙斯所建立的神殿。於西元前6世紀開始興建，卻於西元2世紀羅馬皇帝哈德良任內才完成，歷經6百多年，並成為希臘最大的神殿。然而，西元3世紀起歷經數次戰事，加上神柱材料陸續被挪作其他建築之用，因此神柱所剩無幾。

➡ 出Acropolis捷運站後，往國家花園方向步行約10分鐘
◎ 每天08:00～20:00，最後購票入場時間19:45，部分國定假日不開放
$ 全票6歐元，半票3歐元，或用雅典古蹟套票全票30歐元，半票15歐元，此為其中一個景點。11月～3月每個月的第一個週日與部分國定假日免費

很多希臘人喜歡躺在神殿前的草坪上享受陽光

羅馬阿哥拉
The Roman Agora

套票適用

位於古代阿哥拉東側，雖取名為羅馬阿哥拉，但實際與羅馬人並無關聯，只因這座市集建於羅馬時代。廣場曾是雅典最熱鬧的地方，但現今只剩斷垣殘壁。裡頭的風塔(Tower of the Winds)為市民提供時間、風向及晝夜時刻等資訊，也是著名景點。

➡ 出Monastiraki捷運站後，步行約3分鐘
◎ 每天08:00～20:00，部分國定假日不開放
$ 全票6歐元，半票3歐元，或用雅典古蹟套票全票30歐元，半票15歐元，此為其中一個景點。11月～3月每個月的第一個週日與部分國定假日免費

羅馬阿哥拉往昔的繁華，現今只剩一片廢墟

古代阿哥拉
The Ancient Agora of Athens

套票適用

位於雅典衛城西北側，是最知名的古希臘市集。雖名為市集，同時也是政治及社會集會場所。此場地於西元前3000年開始被使用，並經過多次的建築與毀壞。1834年雅典成為希臘首都後，此場地成為人口最密集的地區之一。古代阿哥拉占地廣闊，值得花上幾小時感受古希臘文化。

➡ 出Monastraki捷運站後，步行約4分鐘
◎ 每天08:00～20:00，最後購票入場時間19:45，部分國定假日不開放
$ 全票8歐元，半票4歐元，或用雅典古蹟套票全票30歐元，半票15歐元，此為其中一個景點。11月～3月每個月的第一個週日與部分國定假日免費

哈德良圖書館
Hadrian's Library

套票適用

哈德良圖書館是羅馬皇帝哈德良在西元132年時，下令興建的百柱圖書館，建築風格延續傳統古羅馬議事庭廣場，曾是雅典最大的公共建築，拜占庭時期則先後三次被改建成教堂。有趣的是，雖然這片占地不小的地方被稱為圖書館，真正用來存放書籍的部分，卻只占一小部分，僅約16,800冊而已。當今所見的哈德良圖書館，只剩多年毀壞後殘餘下來的牆基與幾根圓柱而已。

➡ 出Monastiraki捷運站後，步行約1分鐘
🄲 每天08:00～15:00，部分國定假日不開放
💲 全票4歐元，半票2歐元，或用雅典古蹟套票全票30歐元，半票15歐元，此為其中一個景點。11月～3月每個月的第一個週日與部分國定假日免費

哈德良拱門
Arch of Hadrian

此拱門係為迎接羅馬帝國皇帝哈德良的蒞臨，以及感謝他對雅典的諸多貢獻而建。拱門兩面皆有碑文，表揚哈德良皇帝的功績，並以此拱門作為新舊雅典城的交界處。附近是宙斯神殿、國家花園。

拱門約建於西元131或132年

➡ 出Acropolis捷運站後，往國家花園方向步行約5分鐘

⁉ 哈德良是誰

從哈德良拱門到哈德良圖書館，你應該會很好奇，到底哈德良是哪號人物。其實生於西元76年的哈德良，原本來自義大利一個富裕家庭，是前任君主圖拉真(Trajan)的遠房姻親，但由於圖拉真到過世前，都沒有正式指定繼承人，而是在臨終前交代皇后把王位傳給哈德良，他就因此成了羅馬帝國的皇帝，後來被譽為羅馬帝國五賢帝之一，在位時間為西元117～138年。

哈德良最為人所知的事跡，是興建了哈德良長城(Hadrian's Wall)，劃定了羅馬帝國在不列顛尼亞的最北界線線；此外，他還在羅馬城重建萬神廟(Pantheon)，並新建維納斯和羅馬神廟(Templum Veneris et Romae)，崇拜幸運女神維納斯與永恆的羅馬。流著義大利的血液，身為羅馬皇帝，哈德良卻特別提倡希臘文化，還與希臘青年安提諾烏斯(Antinous)傳出同性戀情，成為古歐洲最出名的愛情故事之一。日本暢銷漫畫《羅馬浴場》，就有把這段故事融入情節之中。

羅馬帝國五賢帝

指的是安敦寧王朝(西元96～192年)時期6位皇帝中的前5位，分別為涅爾瓦(Nerva)，外號「仁帝」；圖拉真(Trajan)，外號「勇帝」；哈德良(Hadrian)，外號「智帝」；安東尼(Antoninus Pius)，外號「忠帝」；奧理略(Marcus Aurelius)，因為著有《沉思錄》，外號「哲帝」。

這5人先後繼位，讓羅馬帝國在之前剛經歷過的百年血腥戰爭後，得以享有80多年的太平盛世，而這段時期，也是自羅馬開國皇帝奧古斯都(Augustus，即屋大維)之後，羅馬帝國最強盛的時期，直到第六位皇帝康茂德(Commodus)即位，採行殘暴統治，最後被刺殺身亡，羅馬帝國又陷入一連串的混亂內戰。

玩樂篇

雅典競技場
The Panathenaic Stadium

又名帕那辛納克體育場，希臘語Kallimarmaro，意為漂亮的大理石，而整座馬蹄形競技場正如其名，就是用漂亮的大理石建成，而且這還是全世界唯一一座全部用白色大理石興建而成的大型體育場。最初在古希臘時期，是用來舉辦紀念雅典娜女神的運動會場，直到1896年，為了舉行第一屆現代奧林匹克運動會，才改建成當今模樣。2004年，第28屆夏季奧林匹克運動會再次回到雅典舉行，雅典競技場成為馬拉松比賽終點與射箭比賽的場地。

走在競技場上，可以遙想100多年前的奧運盛況，坐在環繞競技場的大理石座位上，更是佩服古人沒有什麼先進工具，卻可以建成如此偉大，且永傳於世的建築。馬蹄形正中央的座位區，還有類似王位的VIP席。廣場旁則有一條隧道，通往一座介紹奧運由來與歷史的小型收藏館，最特別的是歷屆

幫助建造競技場的捐款人

廣場旁的條隧道，通往小型收藏館，裡面收藏許多奧運的歷史資料

現代體育場就是依競技場比例打造

馬蹄形正中央 座位區的VIP席

門票有附免費語音導覽機，記得借來使用

聖火火炬都存放在此,還有每個主辦國製作的奧運宣傳海報,放在一起看相當有趣。

最後別忘了到競技場中央設置的頒獎台,擺個Pose紀念一下,或是三五好友來個短跑競賽,享受奧運等級的體育場設施吧!還要提醒的是,由於全場都是大理石,雨天或地上有積水時,地會特別滑,而且有些位置的階梯實在很陡,上下時務必注意安全。

➡ 出Zappio輕軌電車站後,步行約3分鐘
🕐 3月~10月08:00~19:00,11月~2月08:00~17:00
💲 全票5歐元,半票2.5歐元。可免費借用語音導覽,有多國語言可選,也有中文

別忘了到競技場的頒獎台,拍照留念

入口石碑上刻有歷屆奧運主辦城市

列西格拉特紀念碑
The Choragic Monument of Lysicrates

這座位於衛城東南側的古蹟,是雅典少數保存完好的紀念碑。西元前335年列西格拉特的合唱隊伍,在大酒神節的比賽中獲勝,而建立了此紀念碑為紀念。附近有許多紀念品店及餐廳,可以在周邊好好逛逛。

➡ 出Acropolis捷運站後,步行約4分鐘

逛古蹟景點注意事項

最好提早在早上或中午入場,否則一些希臘公務員看景點沒什麼人逛,有時會提早關門打烊,尤其在淡季,甚至2點多就提早關了,門牌上的開放時間僅供參考而已!許多人抵達現場才發覺關門,白走一遭。

希臘古蹟特定閉館日期

1月1日新年、3月25日獨立紀念日暨報喜節、耶穌受難日(Good Friday)、復活節星期日(Easter Sunday)、5月1日勞動節、12月25~26日聖誕節。

列西格拉特紀念碑

希臘神殿的意義及功能

神殿在古希臘時期最主要的功能是儲存還願的貢品或寶物,這是希臘神殿最重要也是最普遍的功能,而且希臘神殿大多在方位上有特定的設計,類似我國的風水地理概念。古希臘時期神殿的建造係由各個不同的城邦組織興建,設計與建造皆依照一定比例,幾乎是依據極為精確的計算建構而成,造成視覺上的協調效果。神殿建築對於現代人的審美觀有相當深遠的影響。

古代阿哥拉的海菲斯塔斯神殿(Temple of Hephaestus)有許多帶狀裝飾,現今可在部分博物館或圖書館,看見此柱子的樣式

認識花俏華麗的希臘柱式

希臘神殿很重要的特色之一,是它美麗的神柱,最有名的三大柱式是:愛奧尼克式(Ionic)、多立克式(Doric)、柯林斯式(Corinthian)。逛神廟的時候,別忘了欣賞一下這些美麗的柱子,猜猜看它們是哪一個柱式。

多立克柱式
Doric Order

最早出現在希臘本島,形式最為簡單,特點是比較粗大雄壯,底部沒有柱臺,柱身有20條凹槽,柱頭沒有裝飾,又被稱為男性柱。在19世紀時被美國大量使用,成為現今美國許多政府機構的建築特色。雅典的帕德嫩神廟是公認此柱式的最佳代表。

愛奧尼克柱式 Ionic Order

多半出現在愛奧尼亞人統治過的希臘神殿，特點是比較纖細秀氣，柱身有24條凹槽，柱頭有一對向下的渦卷裝飾，又被稱為女性柱。愛奧尼亞柱由於氣質顯得優雅高貴，因此廣泛出現在古希臘的大量建築中。

柯林斯柱式 Corinthian Order

出現在西元前5世紀末，後來成為希臘境內普遍使用的樣式。柯林斯柱式與愛奧尼克柱式相似，但是比例更為纖細，柱頭用毛茛葉(Acanthus)作裝飾，看起來就像盛滿花草的花籃。相對於愛奧尼克柱式，科林斯柱式的裝飾性更強，在古羅馬帝國時期風行一時，至今仍可在華麗氣派的建築上看到。

女神列柱式 Caryatid

以女神的形式作為神廟的柱子，特色在於女神的脖子為柱子最細之處，因此女神的頭髮及肩，用以協助支撐神殿 最早是西元前6世紀德爾菲的寶物殿被發現，但最廣為人知的是雅典衛城的伊瑞克提恩(Erechtheion)神殿。

歷史建築

國會大廈及無名士兵墓
Greek Parliament and the tomb of unknown soldiers

起建於1836年，到1842年完工的國會大廈，其實最初是設計給希臘國王作為皇宮之用，前後有奧托國王(Otto)與喬治一世(George I)居住在此。1909年，一場大火嚴重摧毀皇宮，於是展開重建工程，直到1924年再次落成後，便改為博物館與醫院用地。1929年11月，希臘政府決定將議會搬到這裡，從此就成了國會大廈。大廈正前方的牆上刻有古代穿著盔甲的士兵圖像，作為眾多無名士兵的表徵。國會大廈廣場有穿著傳統服飾的衛兵長期駐守，並有衛兵交接的儀式。

➡ 出Syntagma捷運站後，步行約1分鐘

帕納吉亞教堂
Panaghia Kapnikarea

該教堂位於普拉卡鬧區，於11世紀起建於古代神殿遺址之上，為獻給希臘女神而建。該教堂規模並不大，卻是雅典市最古老的東正教教堂之一，因此對希臘人極具宗教價值。

教堂外總是人潮鼎盛，內部裝飾只能用麻雀雖小，五臟俱全來形容，雖然不若大教堂的氣派，莊嚴虔誠的氛圍卻一點也沒少，牆上壁畫相當有看頭，可惜不能拍照，只等你親自來看。

➡ 出Syntagma捷運站後，往Ermou街方向步行約5分鐘

東正教是絕大多數希臘人的宗教信仰

教堂雖小，細節卻相當精緻

教堂已有千年歷史，仍保存完好

雅典大主教教堂
Metropolitan Cathedral

1842年由奧圖國王舉行動工典禮，卻花了20年，至1862年才竣工。本教堂為奧圖國王及皇后獻給聖母報喜(Annunciation of the Mother of God)之用。

➡ 出Syntagma捷運站後，往Mitropoleo街方向步行約5分鐘

國家圖書館、雅典學院、雅典大學
National Library, Academy, University

建於1887年，這3座相連的新古典三建築，是19世紀建築風格的代表，相當值得一覽。

國家圖書館

➡ 出Panepistimio捷運站後，步行約1分鐘

雅典學院

利卡維多丘陵
Mount Lycabettus

丘陵頂端是鳥瞰雅典市最佳的地點之一，也是看夜景的好去處，可爬山或搭乘纜車上山。丘陵上有St. George及St. Isidoros兩座教堂。

➡ 出Evangelismos捷運站後，往北步行約10分鐘至纜車口，或步行約25分鐘至丘陵頂端

St. George

利卡維多丘陵纜車

操作螢幕　取票處　收據及找零

投幣孔　放入紙鈔處

Εισιτήρια
Tickets

ΠΑΡΑΚΑΛΩ ΠΙΕΣΤΕ ΤΟ ΜΠΛΕ
ΚΟΥΜΠΙ ΓΙΑ ΕΚΔΟΣΗ ΕΙΣΙΤΗΡΙΟΥ

單程票及張數　來回票及張數　選擇語言

札皮歐議事中心
Zappeion Conference & Exhibition Centre

議事中心坐落於皇宮花園內，散步其中很是享受

位於雅典國家花園內的札皮歐議事中心，一般稱為札皮翁宮(Zappeion)，得名於住在羅馬尼亞的希臘富豪慈善家埃萬傑洛斯・札帕斯(Evangelos Zappas)，與他的堂弟康士坦丁諾・札帕斯(Konstantinos Zappas)。札帕斯相當熱衷於復興希臘文化，決定利用自己的能力和資源，在希臘復興奧林匹克運動會的古老傳統，因而在1856年寫信給奧托國王，表示願意捐錢，

札皮歐議事中心

從此訂下每4年舉辦一次的田徑比賽，就由札帕斯全額贊助，並設立奧林匹克信託基金。

札帕斯在1865年去世後，將留下的鉅額遺產，指定用於雅典興建永久性體育設施，舉辦未來的奧林匹克運動會，還有用他的名字，興建一座展覽暨會議中心。1869年，希臘議會通過將皇宮花園與宙斯神廟之間的8萬平方

札皮歐議事中心採希臘傳統神殿建築風格

公尺土地，用來興建奧運工程，因此，札皮翁宮算是第一座專門為現代奧運興建的建築物，之後雅典競技場也隨之翻新。札皮翁宮內部是露天圓形建築，現今有許多展覽及會議都在這裡舉行。

➡ 出Syntagma捷運站，沿Amalias Ave.步行約5分鐘

博物館

希臘全境共有289個博物館，超過半數由政府經營管理。每年皆有數百萬的希臘本國及外國訪客前往參觀，皆可售出近千萬票券，年度售票總營收可達4千萬歐元以上(資料來源：希臘文化部)。眾多博物館有36個在雅典，其中以國立考古博物館最為重要。新衛城博物館則為觀光客最常參觀的博物館之一。

可上以下官網查詢希臘博物館資訊：www.ancient-greece.org/museum.html及odysseus.culture.gr

新衛城博物館
The New Acropolis Museum

主要蒐集衛城出土物品的考古博物館，展示希臘銅器時代、羅馬時期與拜占庭時期的各種文物，約4,000件，是觀光客必遊的熱門景點。

http www.theacropolismuseum.gr
➡ 出Acropolis捷運站後，步行約4分鐘
⊙ 夏季(4/1～10/31)週一08:00～16:00，週二～日08:00～20:00，週五08:00～22:00。冬季(11/1～3/31)週一～四09:00～17:00，週五09:00～22:00，週六～日09:00～20:00
$ 夏季10歐元、冬季5歐元

戰爭博物館
The Athens War Museum

　　建於1975年，館內主要展示各式希臘軍隊文物、武器及其演進。此外，博物館內也收藏古代中國及日本的武器相關文物。

🌐 www.warmuseum.gr
➡️ 出Evangelismos捷運站後，步行約3分鐘
🕐 11～3月09:00～17:00，4～10月09:00～19:00
💲 全票6歐元，半票4歐元。11～3月每個月的第一個週日免費

畢納基博物館
The Benaki Museum

　　希臘藝術收藏家安東尼畢納基(Antonis Benakis)為紀念其父親所建，館內收藏希臘史前至近代史各種藝術作品。此外，該博物館亦有中國及伊斯蘭藝術作品展出。

🌐 www.benaki.gr
➡️ 出Syntagma捷運站後，沿Vass. Sofias街步行約6分鐘
🕐 週三、週五09:00～17:00，週四、週六09:00～00:00，週日09:00～15:00，週一、二閉館
💲 全票9歐元，學生票7歐元，每週四免費

國家考古博物館
The National Archaeological Museum

　　被認為是世界上最偉大的博物館之一，館藏從史前文明、銅器時代、邁錫尼文明等在希臘各地出土的重要古文物，是來雅典必看的博物館。

🌐 www.namuseum.gr
➡️ 出Omonia捷運站後，往Patission街方向步行約7分鐘
🕐 夏季(4/1～10/31)週一13:00～20:00，週二～日08:00～20:00，冬季(11/1～3/31)週一13:30～20:00，週二～日08:30～15:00
💲 10歐元

歷代希臘君主與哲人頭像

開放時間小提醒

上述開放時間為參考時間，因各博物館可能隨時調整開放時間，建議出發前詢問櫃檯或上官網查詢，並建議提早出發參觀。

博物館內收藏品大多保存良好

館藏豐富，可安排3～4小時參觀時間

古希臘的計時儀造工精緻又精確

波羅斯島 Poros

薩羅尼克群島
Sacronic

　　與雅典同屬阿提卡(Attica)州的薩羅尼克群島(Sacronic Islands)，其海灣三小島分別為埃伊納島(Aegina)、波羅斯島(Poros)及伊茲拉島(Hydra)，就是一般通稱的愛琴海三小島。

　　三小島位於派瑞斯港外海西南方，均可1日走完，是雅典人開遊艇前往度假的首選。

　　若時間緊迫，無法造訪聖多里尼、米克諾斯等著名島嶼，在遊玩雅典市區後，通常可以再安排薩羅尼克群島海灣三小島之旅，感受一下小島風情。

　　港邊有許多船公司提供三小島1日遊行程，大同小異，可依個人喜好自己挑選參加，是相當省時省力且可體驗希臘小島風情的旅遊方式。

省時小撇步

雅典近郊1日遊也可透過希臘國營旅行社G.O. Tours安排(也有各式希臘本島的套裝行程)，或由住宿旅館推薦合作的旅行社。

G.O. Tours：gotours.com.gr

波羅斯島Poros

　　波羅斯島(Poros)並不是一個島嶼，而是由兩個小島組成，兩小島間有橋相接。小島與伯羅奔尼撒半島隔海對望，相距不遠，在島上可以看到不同於本島的植物及當地建築，加上位處內陸因而相對平靜的港灣，清澈見底的海水，與安靜坐落於山間的小鎮，吸引許多富豪青睞，讓波羅斯島成為熱門度假勝地。

　　小島山坡頂上有座建於西元1927年的白色鐘樓，採新古典主義風格建築，相當獨特，被封為波羅斯島的經典地標，不少遊客下船後皆會來此登高眺望、欣賞鐘樓。從鐘樓可以俯瞰整座港灣，湛藍的愛琴海美景盡收眼底。

伊茲拉島Hydra

　　這可是英國黛安娜王妃生前最喜歡的小島，也是很多藝術家來此尋找靈感的地方，因此又被稱為「藝術家之島」。18～19世紀間，頻繁的海上貿易，讓伊茲拉島興起多位億萬富翁，紛紛在島上蓋起豪宅，整座島也因為富商的投資建設，日益繁榮。1821年希臘爆發獨立戰爭，伊茲拉島也不平靜，島上富商買了武器、船艦，帶領居民主動發起對抗土耳其人入侵的戰事，因此現在看到港灣山坡處有些城牆，就是當時為了抵禦攻擊而建的。島上除了許多歷史建築、教堂與修道院，都是典型的愛琴海建築風格。其實過去的伊茲拉島林木茂盛，現在卻只剩一片乾旱，幾乎沒有可耕之地，島上淡水靠收集雨水，或從希臘本島運送過來，比較知名的產業為海綿打撈、棉紡、造船與國際旅遊等。最有趣的地方是，島上交通運輸工具只有馬車和驢子，幾乎沒有汽車，因此到了伊茲拉島，騎著驢子穿梭迂迴的大街小巷中，欣賞希臘經典的藍白建築，就成了最迷人的活動之一。

埃伊納島 Aegina

　　是三小島中離雅典最近的一個，擁有美麗的沙灘，是當地相當熱門的避暑小島。值得一提的是，由於埃伊納島位處掌控薩羅尼克灣的船隻進出位置，早在西元前7世紀時，就已經是航海貿易重鎮。還有希臘最早通行世界的貨幣，就是在此鑄造，這可是全歐洲第一個自行鑄幣的地方。

　　另外，歐洲最優美的古希臘晚期仿古神廟──阿帕伊亞神廟(Temple of Aphaia)，是島上最著名的景點，大約興建於西元5世紀，遺址保存完好，所在的地理位置，可以說是欣賞埃伊納島和薩羅尼克灣最佳之所。島上盛產開心果(Pistaches)，各式各樣的開心果食品都可以找到，不妨挑間餐廳坐下，躲躲希臘豔陽，一邊品嘗著開心果冰淇淋，然後等待欣賞有名的日落美景，為三小島之旅畫下完美句點。

埃伊納島 Aegina

伊茲拉島Hydra

蘇紐岬
Cape Sounion

距離雅典市區69公里處，是希臘阿提卡半島最南端的海角。蘇紐岬三面環海，以海神廟(Greek  Temple of Poseidon)遺址聞名，此景點是相當熱門的一日遊景點，不僅可造訪歷史遺跡，更能欣賞愛琴海的美麗夕照。

➡ 可至雅典近郊巴士站搭車，約1.5～2小時車程，蘇紐岬是最後一站
◉ 海神廟(Temple of Poseidon)開放時間為每日09:00 20:30

達芙妮修道院
Daphni Monastery

世界遺產

名列聯合國教科文組織世界遺產，距離雅典市區西北方11公里處，約建於西元6世紀。教堂為極具藝術  價值的拜占庭建築，其內部天花板頂端，擁有保存完整良好的馬賽克聖像畫。

➡ 本景點交通不便，最好的方式是搭乘捷運至Egaleo站，然後坐計程車約20分鐘抵達(依路況而定)
◉ 本修道院因時常整修，遇整修就會關閉不開放，因此最好事先致電+30-210-581-1558詢問，以免白跑一趟

馬拉松
Marathon

西元前490年馬拉松之役的遺址，當時有1萬名雅典士兵在這裡，勇猛擊退入侵的3萬  波斯大軍，相傳為國捐軀的雅典軍人有192人，波斯則有6,000人陣亡，附近的雅典軍人塚是該地著名景點。地名來源是在戰爭時，士兵菲迪普斯(Pheidippides)先來回跑各23公里到斯巴達搬援軍，戰爭結束後，又為了向雅典報喜訊，再長跑45公里到雅典，卻在報喜後精疲力竭，斷氣而死，後來為了紀念他，才有了今天的馬拉松長跑比賽。

➡ 可至雅典近郊巴士站搭車，車程約2.5小時，至馬拉松站(Marathon)

古代科林斯及科林斯運河
Ancient Corinth and Corinth Canal

位於雅典本島與伯羅奔尼撒半島交界處附近，有羅馬時代的古遺跡。另  外，也有長6.4公里、連結愛琴海及薩羅尼克群島(Saronic)海灣的柯林斯運河，相當壯觀。

➡ 可至雅典的長途巴士總站搭乘巴士，或至火車站搭乘往Corinth及Argos方向火車，約2.5小時抵達
🔗 www.ancientcorinth.net

其他主題玩樂

搭遊輪

若不喜歡在小島定點玩太久，而希望能一次多玩幾個小島，搭遊輪遊愛琴海是相當不錯的選擇。在遊輪上設施完整，不必擔心吃、住及玩樂的問題，缺點是花費較高，且在船上待的時間較長。

搭郵輪推薦網站：
www.greecetravel.com/
dolphinhellas/dolphin_
cruise.html

遊輪上晚餐後的
娛樂表演節目

馬拉松

希臘是馬拉松的發源地，喜愛馬拉松的跑友除可至雅典近郊馬拉松市(見P.155)朝聖外，也可參加定期舉辦的馬拉松與超級馬拉松(Ultra-marathon)等路跑活動，除可運動健身、觀光，更可在馬拉松發源地體驗古代希臘士兵曾跑過的路線。

馬拉松資訊看這裡

經典馬拉松網址： www.athensauthenticmarathon.gr
希臘各式路跑活動： www.runningnews.gr

藝文活動查詢

希臘嘉年華活動： www.hellenicfestival.gr
帖撒羅尼迦國際影展嘉年華： www.filmfestival.gr
國家音樂廳官網： www.megaron.gr

文藝活動

希臘為文明古國，自古以來文學及藝術在希臘歷史占有一席之地。其所創造的希臘悲劇更是希臘戲劇及舞蹈的重要資產。希臘的文藝活動相當多樣，各地全年皆有大小不一的文化慶典活動，熱鬧非凡。得利於希臘的良好氣候以及觀光資源，希臘的文藝活動得以在戶外舉行。

大部分的活動皆在夏季舉行，最著名的是每年6～8月登場的希臘藝術節(Hellenic Festival)，來自全球各地的藝術團體會在這裡，與希臘藝術家們連番舉行包括戲劇、音樂及舞蹈等藝文活動，主要表演場地如雅典衛城山腳下的希羅德·阿提庫斯古劇場(Odeon of Herodes Atticus)，利卡維多丘陵(Mount Lycabettus)與太陽神阿波羅之子的出生地艾比達羅斯(Epidaurus)。此外，希臘第二大城帖撒羅尼迦(Thessaloniki)也有始於1960年的帖城國際電影節(Thessaloniki International Film Festival)，每年11月登場，1992年開始成為獨立製作電影的專門影展，名氣雖不如坎城影展與威尼斯影展，卻是東南歐最大的影展活動。

另外，衛城有滿月節。每年8月的滿月(日期不一定)被視為月亮最亮最美的時候，傳統上各大古蹟景點會配合開放至午夜，且有藝文表演活動慶祝，但近年經濟狀況不佳，景點工作人員不願意配合超時工作，因此開放資訊需事先確認。

雅典衛城希羅德·阿提庫斯古劇場
(Odeon of Herodes Atticus)

生態旅遊

　　若不想在夏天加入擁擠的旅遊人潮，生態旅遊是一個絕佳的替代旅遊方案。希臘擁有極佳的大自然景觀，且因重工業不發達，汙染相對較少，只要一出大城市，無論山上或海灘，皆能輕易體會希臘大自然之美。

　　希臘生態旅遊包括登山健行、賞鳥、騎自行車、浮潛、獨木舟甚至步行，相當多樣。一般而言，希臘生態旅遊最佳的季節為春秋之際，氣候溫和且不致過冷或過熱，適合進行長時間戶外活動。

　　若要安排上述活動，最好是與當地旅行社或相關公司聯繫，費用部分則差異甚大，從20歐元至120歐元皆有，視活動內容而定。

參加自行車旅遊行程的遊客(圖片提供／Vasilis Kampas)

生態旅遊相關網站

生 態 旅 遊 相 關 資 訊

- http www.alternativegreece.gr
- http www.ecotourism-greece.com
- http www.adrenaline.gr

賞 鳥

雅典及希臘中部賞鳥：www.greecebirdtours.com
賞鳥勝地萊斯沃斯島(Lesvos)：www.lesvosbirding.com
希臘北部賞鳥：www.birdwing.eu
希臘鳥類暨生態攝影專家Spyros Skareas：www.facebook.com/SpyrosSkareasPhotography

01賞鳥活動(圖片提供／Spyros Skareas)
02希臘最知名的特有鳥Falco Eleonorae，屬獵鷹的一種(圖片提供／Spyros Skareas)
03希臘鳥類暨生態攝影專家Spyros Skareas

登 山 健 行

- http www.trekking.gr
- http www.active.com.gr

划 獨 木 舟

- http www.kayakinggreece.com

騎 自 行 車

- http www.pamevolta.gr
- http www.funbike.gr

步 行

- http www.athenswalkingtours.com

＊以上資料時有異動，以官方最新公告為準。

行程規畫建議

短天數(**1~3**天)

方案一

希臘小島 2日		雅典市區 1日
希臘五大著名小島擇一，建議聖多里尼或米克諾斯(見P.128)	+	市區景點(見P.137)

方案二

雅典 1日		雅典近郊 1日		雅典市區 1日
市區景點(見P.137)	+	三小島、蘇紐岬等……(見P.153)	+	博物館、購物(見P.151、P.162)

中天數(**4~9**天)

方案一

雅典市區 2~3日		希臘小島 2~3日		希臘本島 2~3日
市區景點(見P.137)	+	擇1~2個希臘五大著名小島(見P.128)	+	擇1~2個北、中部或伯羅奔尼撒半島城市(見P.124)

方案二

雅典市區 2~3日		希臘小島 3~4日		希臘本島 3~4日
市區景點(見P.137)	+	擇1~2個希臘五大著名小島(見P.128)	+	擇1~3個北、中部或伯羅奔尼撒半島城市(見P.124)

長天數(**10**天以上)

方案一

雅典市區、近郊 1~3日以上		希臘小島 3~6日以上		希臘中、北部 3~5日以上
市區景點、近郊城市(見P.137)	+	擇1~3個希臘五大著名小島(見P.128)	+	北、中部城市深度旅遊(見P.124)

方案二

雅典市區、近郊 1~3日以上		希臘小島 3~6日以上		伯羅奔尼撒半島 3~5日以上
市區景點、近郊城市(見P.137)	+	擇1~3個希臘五大著名小島(見P.128)	+	伯羅奔尼撒半島城市深度旅遊(見P.126)

指指點點希臘文 Σθπ

應用單字

買票／αγορά εισιτήριο／buy ticket
學生票／Μαθητικό/ φοιτητικό εισιτήριο
／student ticket
優待票／εισιτήρια με έκπτωση
／Discount tickets
兒童票／Παιδικά εισιτήρια
／Children's tickets
景點簡介／εισαγωγή／Introduction
出口／έξοδος／exit
入口／είσοδος／entrance
考古遺址／Αρχαιολογικοί χώροι
／Archaeological sites
博物館／μουσείο／museum
神殿／ναός／temple
導覽服務／υπηρεσία καθοδήγησης
／guide service
飲水機／Ψύκτης νερού／drinking fountain
拍照／Μπορείτε να με τραβήξετε μια
φωτογραφία;／take a photo
閃光燈／φλας／flash
左轉／Στρίψτε αριστερά／turn left
右轉／Στρίψτε δεξιά／turn right
直走／Πηγαίνετε ευθεία／go straight

實用會話

門票一張多少錢？
Πόσο κοστίζει το εισιτήριο;
How much is a ticket?

請問這裡可否照相？
Μπορώ να πάρω μια φωτογραφία εδώ;
Can I take a picture here?

裡面有無廁所？
Υπάρχει τουαλέτα κάπου;
Is there a toilet inside?

開放時間到幾點？
Ποιες είναι οι ώρες λειτουργίας;
What are your opening hours?

請問有無景點簡介？
Μπορώ να έχω ένα ενημερωτικό φυλλάδιο
για το χώρο;／May I have an introduction
flyer to the site?

請問入口在哪裡？
Πού είναι η είσοδος;
Where is the entrance?

哪裡有飲水機？
Πού είναι ο ψύκτης νερού;
Where is the drinking fountain?

請問＿＿＿＿＿＿怎麼走？
Πού είναι＿＿＿＿＿;／Where is ＿＿＿＿＿?

購物篇
Shopping

在希臘，買什麼紀念品？

離開希臘前，有什麼伴手禮是值得帶回去收藏，或與親友分享的呢？想逛街血拼，
又該到哪裡才好呢？購物以後，你還要了解退稅步驟，本篇皆有詳解。

希臘紀念品商店種類

百貨公司

希臘的大型百貨公司有The Mall Athens及Golden Hall，連鎖規模最大的是Hondos Center，在各地皆有連鎖店。Attica也是相當有名的百貨公司。有些百貨公司內有很棒的親子設施，適合全家大小逛。

在希臘，歐洲的品牌會比台灣多，有些牌子在台灣看不到，而且退稅後價錢很划算。這幾年台灣風靡的Zara、H&M，在希臘也很熱門，尤其在每年1月及7月中旬開始的打折下殺折扣更是誘人。

另外，有些國際精品店如L.V.、Gucci、Coach、Burberry等，大多有自己獨立專賣店，分布在市中心如Kolonaki區，較少在百貨公司設櫃。

Golden Hall是相當熱門的購物地點

Hondos Center在市區有許多連鎖店

國際精品名店

幾乎各大名牌在雅典均有分店，如Burberry、L.V.、Longchamp等，若仔細去逛，會發現許多樣式是在台灣買不到的，價格也較為便宜(而且有些還可退稅)，因此可以趁旅遊期間，好好犒賞自己一下。

Folli Follie是希臘著名的首飾、手錶品牌

希臘精品Folli Follie 🌐 www.follifollie.com/cm-en/home

手工藝品店

手工藝品永遠在希臘紀念品中占有一席之地，最主要的特色在於希臘藝術家將神話及宗教故事以藝術形式表現在漆器、青銅器、織品、畫作等。

皮件店

希臘手工皮件製品相當知名，著名皮製產品為涼鞋、皮帶、肩背包等。其中又以涼鞋最知名，耐穿吸汗又高雅大方，在圖片記載的古希臘歷史人物中，也可看到他們穿皮製涼鞋，可見希臘皮製品的歷史悠久。

珠寶飾品店

金、銀等珠寶飾品相當有希臘當地特色，許多飾品會以代表希臘文化的風格樣式表現出來，如橄欖、月桂葉或邪眼等。當今也有許多新銳藝術家每年產出不少樣式新穎的珠寶飾品，值得一看。

旅遊紀念品店

希臘為旅遊的國度，旅遊紀念品店也因此生意興旺，商品琳瑯滿目，種類繁多，從各旅遊景點的明信片，到仿真縮小比例的神殿模型，應有盡有，時常讓遊客花不少時間選購紀念品。

希臘傳統的薩洛伊鞋(Tsarouhi Shoes)，憲法廣場衛兵穿的就是這種鞋，只是樣式不同

機場港口免稅商店

希臘的免稅商店(Hellenic Duty Free Shops)位於全境各大機場及港口內，可購買各種名牌商品及當地產品。若來不及在市區內購物，或漏買了什麼東西，可以在機場補救喔！

http www.dutyfree-shops.gr

雅典市中心購物5大名街

1. 憲法廣場的艾爾姆大街(Ermou Street)
若想買知名品牌如Camper、Folli Follie、ZARA、H&M、GEOX、GAP、Naf Naf、Sprider、Swatch、Timberland、Mango、Accessorize、Marks & Spencer等，來這條步行街就對了，且街上常有街頭藝人表演，還有賣希臘小吃的地方及露天咖啡座，是來希臘必逛的購物街。

2. 柯洛納基區(Kolonaki)的布加勒斯特街(Voukourestiou)
雅典的精品購物街，大部分國際精品名店，都可在這條街上找到，包括Burberry、Bally、DIOR、Mulberry、Longchamp、L.V.、Cartier、Omega、Ralph Lauren、BVLGARI、Hermès、Prada、Tod's等，是最適合追求精品與時尚人士前往購物的地方。

3. 柯洛納基區的斯科法街(Skoufa)
也是國際精品名店聚集地，如Benetton、Sisley、Miss Sixty、Diesel及希臘高級藝廊、藝術品店等。

4. 柯洛納基區的薩卡洛街(Tsakalo)
國際及希臘精品店聚集地，如Gucci、DKNY、Timberland、Intersport、Zic Zac、Opus等。

5. 蒙納斯提拉奇區(Monastiraki)的艾菲修街(Iphestiou)
本條就是著名的跳蚤市場主要街道，販賣各式流行服飾及配件，巷弄中則有許多古董店及二手書／CD店，價格平易近人，可以輕易在這裡逛上數小時。

＊以上資料時有異動，出發前請再次確認。

特色商品

紀念品

著名景點
周邊商品

希臘周邊商品

造型歐盟車牌

希臘特色服飾

造型磁鐵

希臘菜食譜

ZORBA THE GREEK

傳統音樂CD

各式皮件製品

各種藝術品

珠寶飾品

推薦紀念品店

Shopping Store in Plaka

這間伴手禮店位於普拉卡鬧區，販售各式伴手禮及紀念商品，價格合理，老闆對亞洲客人特別熱情。

地址：53, Pandrosou Str., 10555 Monastiraki, Athens

營業時間：09:00～20:00

希臘特色飾品

希臘邪眼(The evil eye,希臘文μάτι)，傳說配戴此類飾品有辟邪之功用

農產品伴手禮

橄欖及橄欖油

希臘橄欖油以純正、口感及營養價值高而聞名，也是外銷及內需的重要農產品。在許多商店都可看到販售希臘橄欖油。

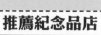

橄欖油周邊商品

相當多樣，可選購肥皂或保養商品。

Ouzo酒

雖然希臘茴香酒的濃厚八角味不是人人可接受，但可以購買小瓶裝的Ouzo酒作為紀念。

海綿

是希臘相當傳統的產品，適合買來自用。

乳香脂口香糖在超市中皆可購得

蜂蜜

希臘蜂蜜亦極知名，以高品質、香氣濃郁及口感繁複而聞名，養生又健康，送禮自用兩相宜。

乳香脂(Mastic)產品

是希臘獨特的產品，主要出產地是愛琴海上的契歐斯島(Chios)，味道有點像杏仁及肉桂。乳香脂的周邊產品相當多，可供不同用途的選擇。

希臘傳統甜食

口味大多相當甜，可送給喜歡吃甜食的親友。

如何退稅

在希臘購物，大部分可享有退稅優惠(Tax Refund)，但仍視店家而定，除了門口需貼有Tax Free標誌，有些店家還會規定消費須達一定額度，才可退稅，因此購物前最好先向店員詢問清楚。

退稅條件

單日於提供退稅服務的同一商店消費滿120歐元以上，於3個月內出境申根區者可享有退稅待遇。退稅金額依照購買金額多寡來計算，最低退23%，購買總額越高，累進退稅比率越高。

在這些可退稅商家購物後，一定要請店家開立

可退稅的商店多可見到藍聯標章

退稅單(Tax Refund Cheque)，否則無法退稅，因此一定要攜帶護照正本或影本，以供店家填寫相關資料。拿到退稅單後，請檢查退稅單上個人基本資料及購買物品之品名、金額是否正確。

退稅小撇步

若在同一家商店消費金額超過120歐元，但日期卻不是同一天，有些店家接受重新開發票，讓消費商品的結帳日期變為同一日，如此便符合退稅規定，可節省不少荷包。

Shopping Center Plaka的紀念品店的經理

退稅步驟

Step 1 至機場櫃檯Check-in

Check-in後，可向地勤人員協調，先不送行李至輸送帶內，而先拖到退稅處出示所購商品辦理退稅(如果時間較充裕，也可先退稅再去櫃檯Check-in)。

看懂退稅單

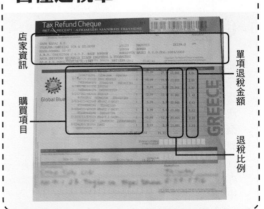

店家資訊　　購買項目　　單項退稅金額　　退稅比例

⁉ 記得妥善保管收據

根據希臘消費者保護法(Greek consumer protection law)，所有在希臘旅遊的旅客皆受法律保護，因此，無論進行何種交易行為，務必取得收據並妥善保管。若發生任何糾紛，收據將是最有效的法律證據。

購物篇

Step 2 退稅處出示商品及單據

退稅處位於護照查驗櫃檯右側，請將店家開立之退稅單連同護照及購買物品一起給櫃檯人員，審核通過後，會核發列有退稅金額的退稅單，帶著這個退稅單去外幣櫃檯兌換現金即可。

退稅通常要排隊，因此等候時間不定。受理退稅人員會逐一檢查所購商品，因此商品務必攜入出示，常有發生商品已隨大型行李託運，而無法退稅之情形。

出示退稅單＋護照＋購買物品

Step 3 至外幣兌換櫃檯兌換現金

外幣兌換櫃檯位於護照查驗櫃檯正後方，外幣兌換櫃檯右上方有退稅標誌。必須完成護照查驗後才能兌換。

退稅有分現金退稅跟信用卡退稅。現金退稅僅限於購物地點在希臘境內；如果之前有在其他歐盟國家買東西並取得退稅證明，卻在希臘申報的話，則只能用信用卡退稅，無法以現金退稅。

退稅標誌

外幣兌換處

指指點點希臘文 Σθ

應用單字

紀念品／αναμνηστικό／souvenir
特價品／Προσφορές／Specials
折扣／έκπτωση／discount
尺寸／μέγεθος／size
顏色／χρώμα／color
款式／στυλ／Style
樣品／δείγμα／sample
大號／μεγάλο／large
中號／μεσαίο／medium
小號／μικρό／small
黑色／μαύρο／black
紅色／κόκκινο／red
藍色／μπλε／blue
白色／λευκό／white
咖啡色／καφέ／brown
退稅單／ελεγχος για επιστροφη φορου
　　　／Tax Refund Cheque

實用會話

有沒有折扣？
Υπάρχει κάποια έκπτωση?
Is there any discount?

可以試用嗎？
Μπορώ να το δοκιμάσω?／May I try it on?

請問有沒有別的顏色？
Έχετε άλλο χρώμα?
Do you have other color?

請問可以便宜一點嗎？
Μπορείτε κάνετε μια καλύτερη τιμή?
Can you make it cheaper?

請問可否退稅？
Μπορώ να έχω επιστροφή φόρου?
Can I have tax refund?

這個多少錢？
Πόσο είναι αυτό?／How much is it?

通訊篇
Communication

在希臘打電話、上網、寄信

前往希臘旅遊，要怎麼打電話跟台灣的家人報平安？如何使用網路、郵寄？本篇介紹在希臘境內旅遊期間各種通訊聯絡方式，包括打電話、上網、寄明信片等。

打電話

從台灣打電話到希臘

國際冠碼+希臘國碼+區域號碼+電話號碼

用台灣手機、市話或公共電話撥打：

撥打方法	國際冠碼+	國碼+	區域號碼+	電話號碼
打到市內電話	002/009/019等	30	210(雅典)，或其他區域號碼	電話號碼
打到希臘手機	002/009/019等	30	—	6開頭共10碼
打到台灣的漫遊手機	—	—	—	直撥手機號碼

舉例說明 ＊希臘市話：**(210)1234567／從台灣打的方式：002-30-210-1234567**
＊希臘手機：**6123456789／從台灣打的方式：002-30-6123456789**
＊漫遊手機：**0980123456／從台灣打的方式：0980123456**

註：冠碼可撥002/009/019等，3種皆屬中華電信，差異是002/009以6秒為計價單位；019以1分鐘為計價單位，長時間通話的話以019較便宜。費率詳情見中華電信官網：www.cht.com.tw

從希臘打電話到台灣

國際冠碼+台灣國碼+區域號碼+電話號碼

用當地手機、市話或公共電話、台灣漫遊手機撥打：

撥打方法	國際冠碼+	國碼+	區域號碼+	電話號碼
打到市內電話	00	886	去0	電話號碼
打到台灣手機	00	886	—	手機號碼去0

舉例說明 ＊台灣市話：**(02)12345678／從希臘打的方式：886-2-12345678**
＊台灣手機：**0980123456／從希臘打的方式：886-980123456**

公共電話

　　希臘的公共電話使用率仍相當高，在路上隨處可見，只是若要打公共電話，必須要購買電話卡才可使用，只要看到OTE(希臘電信公司)的地方都有賣電話卡，一張從3～25歐元不等。裡面儲值金額越高，平均通話費率越低，不論打希臘當地或國際電話皆可使用。

雅典公共電話在捷運站、公車站附近皆可看到，並不難找

通訊篇

若要撥打緊急電話，請直接拿起話筒按下緊急按鈕鍵

呼叫救護車

切換語言為英文

換卡鍵

重新撥號鍵

報警電話

插卡口

國際電話卡

由於希臘外來移民數量眾多，因此多達40、50種的國際電話卡可供選擇，但費率及品質則不一，可至書報攤購買國際電話卡後，配合公共電話、手機、飯店電話或手機使用。

可打亞洲的國際電話卡就多達20種

Asia Call及Best Asia是使用率相當高的國際電話卡

公共電話使用步驟

Step 1 拿起話筒，螢幕自動出現字幕

Step 2 插入卡片

公共電話卡在機場即可買到

Step 3 直接撥號

餘額快沒的話，會有嗶嗶聲通知。

國際電話使用步驟

Step 1 刮出卡片背面密碼

Step 2 撥打該卡片公司專用電話

通常顯示在卡片背面。

Step 3 選擇語言，輸入密碼

依照語音指示，選擇欲使用語言(一般為英文)，並輸入卡片背面密碼。

Step 4 撥打電話

依國際電話撥打方式撥打電話，撥號方式見左頁。

手機預付卡

手機預付卡也可在雅典國際機場出境大廳購買Vodafone的SIM卡，可以打電話、傳手機簡訊及一定限額的網路用量。建議當場請店員協助安裝確認，並記下PIN碼(註：SIM卡的PIN碼都不一樣，一定要記住，以免重開機時無法使用SIM卡)。

預付卡加值

若要加值，可至路邊書報攤(Kiosk)購買同一電信公司之加值卡(通常以10、15、20歐元等為加值單位)，由於加值服務語音系統多為希臘語，所以可直接請老闆協助完成加值手續。

電信公司門市只要事先查詢地點，並不難找

電信公司哪裡找

OTE：www.ote.gr
Vodafone：www.vodafone.gr
Cosmote：www.cosmote.gr
Germanos：www.germanos.gr

預付卡使用步驟

Step 1 購買預付卡

預付卡包裝

電信公司皆有售，約3～25歐元不等。

Step 2 取出SIM卡

依照語音指示，選擇欲使用語言(一般為英文)，並輸入卡片背面密碼。

SIM卡，請勿折損

Step 3 插入SIM卡槽

每款手機SIM卡插入的位置都不同，建議出國前先找到卡槽位置。SIM卡裝入手機後，依指示設定即可，但最保險的方法是請店家幫忙安裝，並當場試用。

網路電話

只要在能上網或有無線網路的地方，就能撥打網路電話，如Skype、LINE、WeChat、FaceTime等。能上網的地方請見P.173。

上網

免費網路

希臘的網路服務日漸興盛，一般而言，旅館多有免費網路服務，有些提供電腦可供上網及列印，大多數為無線網路，只要索取帳號密碼即可在旅館內使用，相當方便。除旅館外，許多咖啡廳亦有無線網路服務，只要進店消費，即可取得帳號密碼。此外，在憲法廣場周邊也有免費無線網路服務，缺點是訊號較不穩定，但若臨時找不到無線網點，倒是一個應急的方式。

星巴克、Coffee Island、Everest等連鎖咖啡店，均有無線網路服務

付費SIM卡

電信公司除了可以購買預付卡外，而如果你只需要網路用量，也可以購買只提供上網的方案。

有效期限	網路用量	售價
1天	1GB	€1
7天	3GB	€2
30天	700MB	€7
30天(僅限每日20:00～隔日08:00可用)	10GB	€6

製表／艾米莉

通訊省錢撇步

若有無線網路Wi-Fi的話，可以善用智慧型手機APP程式「Line」、「WhatsApp」、「WeChat」或「FB」傳訊息，或使用「Skype」、「Line」打電話，都可省下一筆可觀的費用。

郵寄

希臘的國家郵政效率不高，服務品質尚可，一般郵局營業時間為每週一～五07:30～14:00，憲法廣場上的郵政總局營業時間為週一～五08:00～20:00，週六08:00～14:00，週日09:00～13:00，對觀光客來說，週末也有開放營業著實便利許多。利用郵局從希臘寄台灣之國際平信(20公克)約為0.85歐元，寄國際包裹為1公斤約27歐元。郵票可在郵局購得，部分書報攤或書店亦有販售。

01郵局的標誌相當具有神話氣息／020.70歐元的郵票／03希臘郵局門口一景

20公克以內信件郵資一覽表

地區	平信	掛號	快捷	快捷加掛號
希臘境內	€0.72	€2.62	€2.22	€4.12
歐盟及國外	€0.90	€3.40	€3.10	€5.60

製表／艾米莉

郵寄明信片步驟

Step 1 購買明信片、郵票

Step 2 寫好明信片

Step 3 交寄

　　直接交給郵局人員，或自行投遞郵筒寄出(要投貼有藍色國際信件貼紙的黃色郵筒)。

郵寄包裹步驟

Step 1 購買紙箱 & 裝箱

　　郵局賣的紙箱不含郵資，也可用自己的紙箱裝箱。

Step 2 寫託運單

　　要寫託運單，最好同樣在紙箱上寫上地址較為保險。

Step 3 至郵局或其他快遞公司寄送

不同種類的郵筒有不同的用途(左至右：阿提卡區信件，快遞、商務快遞、國內平信、國內掛號、國際信件)

通訊篇

指指點點希臘文 Σθπ

應用單字

國際電話卡／Διεθνής τηλεφωνική κάρτα
／International telephone card

公共電話亭／δημόσιος τηλεφωνικός
θάλαμος／Public telephone booths

撥號／καλώ／dial

預付卡／προπληρωμένη κάρτα
／prepaid card

加值／ανανέωση χρόνου ομιλίας／top up

無線網路／ασύρματο internet／wireless
internet

密碼／κωδικός πρόσβασης／password

免費／δωρεάν／free of charge

郵局／ταχυδρομείο／post office

明信片／καρτ ποστάλ／postcard

信封／φάκελος／envelope

紙箱／χάρτινο κουτί／paper box

郵票／σφραγίδα／stamp

運費／έξοδα αποστολής／Shipping fee

實用會話

請問附近有無公共電話亭？
Υπάρχει τηλεφωνικός θαλάμος εκεί κοντά?
Are there any public telephone booths
nearby?

請問哪裡可以買到國際電話卡？
Πού μπορώ να αγοράσω μια διεθνή
τηλεφωνική κάρτα?
Where can I buy an international telephone
card?

可否幫我安裝SIM卡嗎？
Μπορείτε να με βοηθήσετε να εγκαταστήσω
την κάρτα SIM?／Can you help me install
the SIM card?

我想要將預付卡加值。
Θα ήθελα να γεμίσω την προπληρωμένη
κάρτα μου.
I would like to top up my prepaid card.

請問有無線網路嗎？
Υπάρχει κάποιο Wi-Fi εδώ?
Is there any Wi-Fi here?

請問密碼為何？
Ποιός είναι ο κωδικός πρόσβασης?
What is the password?

應變篇
Emergencies

在希臘，發生緊急狀況怎麼辦？

本篇介紹在希臘境內旅遊期間可能會發生的緊急狀況，並指導應變守則、安全叮嚀，教你趨吉避凶。如果真遇到什麼麻煩，各種應變處理方法，及救急聯絡窗口都有整理條列。並附「救命小紙條」，隨身帶著走！

旅行希臘安全叮嚀

希臘治安概況

與其他歐洲國家主要城市相比，希臘治安相對良好，少有重大刑案發生，惟輕罪(如偷竊、搶劫等)仍相當普遍，尤其在觀光地區。近年來希臘外來移民數量大增，來自巴爾幹半島及北非的非法移民群聚在特定區域(如雅典市Omonia廣場附近、派瑞斯捷運站周邊)，使得希臘的犯罪率上升。加上希臘政府行政效率及警察公權力不彰，更讓許多犯罪者有機可乘。因此，來希臘旅遊者必須懂得自我保護之道。

雅典市Omonia廣場周邊是市區治安較差的區域

人身安全基本概念

緊急電話不離身

緊急聯絡電話見「救命小紙條」P.186。

希臘的公共警消及醫療服務電話不如我國發達、有效率，有時會因語言隔閡而被掛電話，因此若遇緊急事件，最好多打幾次、多打幾支不同的緊急聯絡電話，或直接請旅館服務人員及在現場的希臘當地人協助，如此一來方能確保緊急事件得到適當、快速的協助。

景點＋人潮＝高犯罪率

雖然希臘治安已相對良好許多，但在觀光景點人潮眾多處，仍務必注意自身財物的保護。許多人在熱門景點或搭乘人潮眾多的交通工具時(如雅典市公車、地鐵站)，常遭扒竊或遇搶，因此搭乘大眾交通車輛時必須留意隨身財物，以免平白損失財物，大掃遊興。

隻身旅行易成為目標

若隻身旅行，加上東方面孔，很容易成為被鎖定的目標，因此，在路上要財不露白，護照與錢分開放，不時環顧四周，注意是否有人特別在觀察自己，並且盡量不出入較複雜之場所，如夜店或PUB，以免遭騙。若在餐廳用餐，切記要把包包放在視線範圍內，切勿掛在椅背上。

慎選住宿地點，危險區域不進住

應避免入住雅典市中心Omonia區周邊之旅館，該區出入份子複雜，治安不佳，入夜後非法交易者眾，宵小橫行，請盡量選擇遠離該區之旅館。

馬路如虎口，有禮行不通

希臘人行政效率緩慢，但開車卻相當快且不耐等候，不守規則的駕駛相當多，因此在希臘開車時，若不熟悉路況，最好仍是慢慢行駛，看清楚再開，該停就要停，就算被不耐煩的希臘人大按喇叭也要充耳不聞，切勿開快車，以自身安全為優先。

希臘過馬路通常都是兩段式，需先走到中間分隔道等下一個紅綠燈，因此一定要看清楚有無來車再走

自我保護裝備不可少

重要財物不離身，護照及信用卡最好放在隱藏式口袋，勿穿著或攜帶顏色過於搶眼的衣服或背包。最好隨時配帶太陽眼鏡，如此便不易被他人觀察到自己是否注意到可疑人物接近。

入夜後的安全需知

希臘的晚上仍可放心出門，但要避免前往前文提到的危險區域，小島上則盡量不在PUB逗留太晚。

派瑞斯捷運站及港口周邊也是較複雜的區域，務必要小心財物

希臘旅遊常見的四大犯罪手法

障眼法行竊

案例 外套或其他遮蓋物掛在手臂作為掩護，在人潮眾多處用另一隻手偷竊身旁遊客財物。

防制 人多時，背包務必放在視線範圍內。

藉故爭吵，竊奪財物

案例 數人一組，在捷運車廂內故意不小心將飲料(如可樂)灑到竊賊自己的衣服，藉機與被害人爭吵，並竊或搶走財物。

防制 保護好財物勿被搶，態度堅定，堅持等警察來再處理，通常他們不敢真的等警察來，就會跑掉。

藉機搭訕，勒索詐騙

案例 佯裝問路或問時間，藉機搭訕被害人，再誘導前往至附近PUB或餐廳，並在點東西後索取高額費用甚至勒索。

防制 遇搭訕應斷然拒絕，切勿心軟，若對方賴著不走，可說要請警察來處理。

雙人合作行竊

案例 二人一組，一人藉機吸引被害人注意，另一人趁被害人不注意時，將其置放身旁之物品偷走。

防制 財物放在視線可及，且不易被偷之處，如包包放在地上的話，最好放在兩腳之間夾住。

擁擠的公車上也是扒手下手的好地點

在希臘可以向誰求助

警察

希臘的見警率相當高，尤其市中心或觀光區域，路上隨處可見警察執勤。若遇狀況，可撥打警察局電話或直接向警察求助。

前往警察局的指示牌

警察局的位置通常在巷弄內，最好先行詢問路線怎麼走

旅館

旅館人員是出門旅遊的最佳伙伴，因此若發生狀況，可直接打電話回旅館，請旅館人員協助。

路人

可隨機向路人求助，通常希臘人會願意停下來了解狀況，即使英語能力不佳，仍會依能力所及給予協助。

藥局

若是生病或發生意外，可向鄰近的藥局人員求助，藥局的藥師能判斷如何醫療給藥或協助打電話給醫院。

駐希臘台北代表處

若發生重大緊急狀況，可向駐希臘台北代表處求助，但若人在小島或遠離雅典的城市，則最好先打電話至代表處，了解緊急處理方式，再就近利用周遭資源解決問題，如旅館、醫院及台灣投保的保險公司等。

駐希臘台北代表處使館區域

應變篇

駐希臘台北代表處

為我國位於巴爾幹半島唯一代表機構,除負責推動台灣與希臘之間各項經貿、新聞文化及科技交流等雙邊活動關係外,也負責急難救助,如護照遺失,重大意外等。代表處的領務轄區除了希臘全境,亦兼轄保加利亞、南塞普勒斯各項業務。

電子信箱:grc@mofa.gov.tw
地址:57, Marathonodromon Avenue, 154 52 Paleo Psychico, Athens, Greece
電話:(210)677-6750
傳真:(210)677-6708
交通:位於Paleo Psychico區域,可搭乘捷運至Panormou站,沿Kifisias街往北步行(約20分鐘);或可搭乘下列公車車班,並在Faros公車站下車:A7、B7、E6、E14、X14、10、18、19、550、602、610

代表處對街的公車站牌

急難救助專線

急難救助電話專供緊急求助之用(如車禍、搶劫、有關生命安危緊急情況等),非急難重大事件,請勿撥打;一般護照、簽證等事項,請於正常上班時間撥打辦公室電話查詢。

服務時間:每週一~五09:00~17:00
緊急聯絡電話:+30-695-185-3337
希臘境內直撥:695-185-3337

外交部急難救助全球24小時專線:+886-800-085-095
詳情請見網址:www.boca.gov.tw/cp-87-2121-7a5da-1.html
若打電話到代表處總機電話,一般為外籍雇員接聽電

話,所以需要用簡單的英文請雇員轉接給我國外交人員。如果真的不諳英文,外籍雇員也會直接轉給我國外交人員

駐希臘台北代表處領務大廳入口

生病受傷怎麼辦?

旅行前最好依據自身需要購買旅行平安保險,並可準備必須的藥品,若必須在希臘買藥,一般普通的病可直接至藥局買成藥。希臘藥局相當普遍,不難找到,其出售的成藥大多不須出示醫生處方箋即可購買,若不知買什麼藥,可向懂英文的藥劑師詢問。另外,**Depon**及**Physiomer**是劑量不重但功效相當良好的成藥,供作參考。

唯一必須注意的是藥局營業時間,假日每一地區僅有少數藥局輪值,輪值藥局的相關資訊可於當天報紙或網站(www.fsa.org)查知。若必須至醫院就診,最好找私立醫院診療,雖然費用較高,但品質較公立醫院佳。若有投保意外險,回國後可憑單據申請費用(最好先詢問保險公司相關規定)。

救護車 166　緊急醫療 106

生病/受傷的處理建議

輕微狀況:若只是一般感冒發燒或小傷,可直接至藥局買成藥自行處置。

嚴重狀況:必須請人協助或撥打緊急醫療電話,立即至醫院診療。

播打166就會有救護車緊急救護

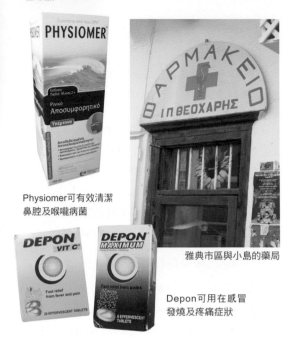

Physiomer可有效清潔
鼻腔及喉嚨病菌

雅典市區與小島的藥局

Depon可用在感冒
發燒及疼痛症狀

推薦醫院

Euroclinic Athens (雅典歐洲醫院)
網址： www.euroclinic.gr
電子郵件： info@euroclinic.gr
地址： 9 Athanasiadou & D. Soutsou Streets, 151 21 Athens, Greece
電話： (210)641-6600
傳真： (210)641-6555
交通： 搭捷運藍線至Ambelokipi捷運站下車後，步行約3分鐘即可抵達

Euroclinic Athens大樓及正門口

重要物品遺失怎麼辦？

護照遺失

Step 1 報案100

立即就近前往希臘當地警局報案取得報失證明。

Step 2 備妥文件

備妥兩吋照片兩張，憑報失證明搭飛機或船回到雅典市，到駐希臘台北代表處辦理返國所需之入國證明文件；如有續往他國旅遊需要時，可申辦1年效期之臨時護照應急。

Step 3 申請補發

若申請補發晶片護照，因為要由我國領務局寄發，約需1～2個禮拜的工作天；若申請返國證明文件或臨時護照，則約2～3天即可拿到，如果趕時間，也可以繳交速件處理費，以速件辦理，可縮短作業時間。

信用卡遺失

Step 1 掛失

打電話向發卡銀行掛失，若當地沒有分行，則可打電話請台灣的家人代為處理掛失手續。

應變篇

Step ❷ 報案100

至當地警察局報案，索取相關文件證明，並留下自己的聯絡方式。

Step ❸ 申請補發

若急需用信用卡，可向發卡銀行申請緊急補發，但通常需要另付一筆手續費，也需要等待時間。若不急用，可回台灣再申請補發。

現金遺失

若在希臘旅遊時遺失現金或現金不足，可請台灣親友利用西聯匯款(Western Union)救急，十分安全且便捷。

台灣北中南各縣市皆有西聯匯款據點，只需前往各據點填寫申請表格，支付匯款及服務費即可。並可透過網路或電話查詢匯款狀況。但是為了防制洗錢，台灣合作銀行目前僅剩下京城銀行。

⁉ 現金救急的西聯匯款

如何提取親友的匯款？

一旦確認親友的匯款已送達，提款人需至希臘西聯匯款供應據點，提供護照等身分證明文件、匯款人之英文全名、匯款國別及匯款金額等資訊，以供核對。

台灣西聯匯款
網址：www.westernunion.tw
電話：(02)8723-1040

希臘西聯匯款
網址：www.westernunion.gr
雅典市中心據點：8 Mitropoleos Str, Syntagma, Athens (憲法廣場郵局，其他據點請至上述網站查詢)
服務時間：每週一～五07:30～20:30，週六07:30～14:30，週日09:00～13:30
電話：+30-8011138000 (郵政專線電話)

如何因應罷工及示威抗議

據希臘智庫美國暨歐洲研究院(RIEAS)研究，罷工及示威抗議源於希臘人對政府體制及效率的反感與不信任，也是數十年來他們的生活方式之一，但對旅客而言，則會造成相當大的不便，甚至造成財物與人身安全的損失，因此事前應預防並避免前往發生地點。(資料來源RIEAS：www.rieas.gr)

常見抗議遊行路線

在雅典市中心常見的抗議遊行路線有二：(1)從憲法廣場及國會大廈前的Vasilisis Amalias大街周邊開始，途經Vasilissis Sofias大街直至Kifisias大街；(2)從憲法廣場及國會大廈周邊至雅典大學、雅典學院前的Panepistimiou街；抗議期間最好避開周邊區域。

在小島部分則較無示威抗議之問題，較會有影響是派瑞斯港口罷工或雅典機場罷工，筆者便親自遇過此情況，在小島機場等了好幾個小時直至雅典機場罷工結束，小島的飛機才得以起飛。

示威時雅典市中心的交通大打結，抗議群眾將整條街占據，有時因抗議活動，道路封閉至晚上

罷工因應措施

　　對旅客影響較大的是交通工具的罷工，有時是公車、捷運或火車停駛，有時是計程車司機罷工、有時是機場或港口罷工，最糟的情況是3種以上交通工具同時24小時以上大罷工(例如，公車、捷運、火車、電車同時停駛)，因此在安排重要行程部分(如搭船至小島、搭機返國等)，最好參考下列因應罷工、抗議的措施，以免行程及心情皆受影響。罷工查詢(英文)網站：www.livingingreece.gr/strikes或www.ekathimerini.com

入境前

　　搭機前24小時，向旅行社、航空公司或飯店詢問當天希臘有無罷工、班機是否正常，旅館住宿地點再確認。

旅遊中

　　除向飯店人員詢問外，盡量避免前往示威抗議地點，並注意自身安全以免遭受波及。若行程或交通工具可能受影響，必須要有旅遊備案並盡可能事先安排變更行程。

離境前

　　搭機24小時前向旅行社或航空公司詢問搭機當天有無罷工，班機是否正常。

　　至於賠償則視各家航空公司政策而定，務必聯繫航空公司是否有對應措施或賠償辦法。

其他緊急事件

租車糾紛

　　若發生租車糾紛，或遇到不肖租車公司超額收費，可打電話至駐希臘台北代表處協助溝通，切勿在未釐清問題前就付出大筆金錢。

被不明人士搭訕

　　遇陌生人搭訕應斷然拒絕，置之不理；若已進入對方的PUB，絕不能接受任何招待，並想辦法藉機離開，以免受騙；若已接受招待受騙，盡快付現金走人，以免人身安全遭受進一步危害。

內急

　　希臘雖有公廁，但數量不多且多位於公園內。若臨時想上廁所，可隨機向附近餐廳詢問，多數的商家不會拒絕使用廁所。另外，連鎖速食店如Goody's、麥當勞等，也都可以直接進去使用廁所，不需詢問。市中心的星巴客則有設置密碼，需消費才能使用廁所。

如何使用希臘公廁

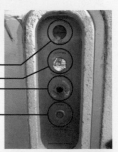

1 Step 紅燈熄滅後按最下方開門鈕

無人使用
使用中
故障燈號
按鈕開門

2 Step 進入使用，門會自動上鎖

3 Step 用畢按綠色鈕開門

按鈕開門

01 公廁的指示牌
02 希臘公廁通常
位於公園內

01

02

應變篇

夜生活須知

　　希臘的晚上仍可放心出門，但在雅典市區則務必避免前往Omonia廣場、Metaxourgeion及Victoria區附近逗留；若在小島則勿在PUB或人口組成複雜的地點逗留太晚。另外，位於普拉卡區衛城西邊的HOLLYWOOD PUB，過去時常發生各國旅客在此被敲竹槓受騙的紀錄，務必避免前往。

　　另外，在希臘有時會遇到店家或其他客人免費提供餐飲，尤其在酒吧。在台灣的習慣，若沒有吃完會對提供者感到不好意思，但在國外凡事皆要小心，當他人提供免費餐飲時，可直接表達感謝之意即可，但不一定真的要吃喝所提供的東西。

指指點點希臘文 Σθπ

應用單字

醫院／νοσοκομείο／hospital

藥局／φαρμακείο／pharmacy

警察／αστυνομία／police

救護車／ασθενοφόρο／ambulance

感冒／κρύο／Cold

頭痛／πονοκέφαλος／headache

發燒／πυρετός／fever

拉肚子／διάρροια／Diarrhea

頭暈／ζαλισμένος／dizzy

嘔吐／εμετός／vomit

拖車／γερανός／Tow truck

車禍／αυτοκινητιστικό ατύχημα
　　／car accident

修車廠／γκαράζ／Auto Repair Shop

爆胎／σκασμένο λάστιχο／flat tire

加油站／πρατήριο βενζίνης／petrol station

實用會話

請幫助我。
Σας παρακαλώ βοηθήστε με.／Please help me.

最近的藥局怎麼走？
Πού είναι το πλησιέστερο φαρμακείο?
Where is the nearest pharmacy?

警察局在哪裡？
Πού είναι το αστυνομικό τμήμα?
Where is the police station?

我護照不見了。
Εκλάπη το διαβατήριό μου.
My passport was stolen.

請幫我叫醫生。
Παρακαλώ καλέστε γιατρό.
Please call doctor.

我需要道路救援。
Χρειάζομαι Οδική Βοήθεια.
I need Roadside Assistance.

我要請警察過來。
Θα καλέσω την αστυνομία.
I want to call the police.

救命小紙條

個人緊急連絡卡
Personal Emergency Contact Information

姓名Name：

年齡Age：

血型Blood Type：

護照號碼Passport No：

信用卡號碼：

海外掛失電話：

旅行支票號碼：

海外掛失電話：

航空公司海外電話：

緊急連絡人Emergency Contact (1)：

聯絡電話Tel：

緊急連絡人Emergency Contact (2)：

聯絡電話Tel：

台灣地址Home Add：(英文地址，填寫退稅單時需要)

投宿旅館：

旅館電話：

其他備註：

希臘旅遊 緊急聯絡電話 一覽表

旅遊平安～！
Καλό ταξίδι!

警察局

警察局報案電話	100
觀光警察	171
港口警察	108

旅遊局

服務電話	(210)322-8747

駐希臘台北代表處

急難救助電話 +30-6951853337

醫療系統

消防局(急救中心)	199
24小時執勤醫生	112
24小時執勤醫院/藥局	106
救護車服務	166
緊急醫療	106
食物中毒緊急救護	(210)779-3777

So Easy! 年度銷售排行榜冠軍旅遊書系

So Easy 自助旅行書系

亞洲地區

310 **開始在緬甸自助旅行**
作者／詹依潔

305 **開始在澳門自助旅行**
作者／凱恩(Kahn)

304 **開始在馬來西亞自助旅行**
作者／黃偉雯(瑪杜莎)

303 **開始在日本自助旅行**
作者／牛奶杰

100 **開始在關西自助旅行**
作者／King Chen

098 **開始在土耳其自助旅行**
作者／吳靜雯

094 **開始在沖繩自助旅行**
作者／酒雄

092 **開始在上海自助旅行**
作者／葉志輝

091 **開始到日本開車自助旅行**
作者／酒雄

089 **開始在泰國自助旅行**
作者／吳靜雯

087 **開始在釜山自助旅行**
作者／亞莎崎

079 **開始在越南自助旅行**
作者／吳靜雯

076 **開始在中國大陸自助旅行**
作者／徐德誠

075 **開始在北京自助旅行**
作者／沈正柔

060 **開始在香港自助旅行**
作者／古弘基

035 **開始在新加坡自助旅行**
作者／王之義

023 **開始在韓國自助旅行**
作者／陳芷萍・鄭明在

歐美地區

311 **開始在法國自助旅行**
作者／陳翠霏・謝珮琪

307 **開始在冰島自助旅行**
作者／林佩儀

306 **開始在普羅旺斯自助旅行**
作者／曾一純

302 **開始在瑞典自助旅行**
作者／潘錫鳳・陳羿廷

301 **開始在西班牙自助旅行**
作者／區國銓・李容萩

099 **開始在紐約自助旅行**
作者／艾瑞克

096 **開始在愛爾蘭自助旅行**
作者／陳琬蓉

090 **開始在加拿大自助旅行**
作者／沈正柔

086 **開始在北歐自助旅行**
作者／武蕾・攝影・盧奕男

085 **開始在挪威自助旅行**
作者／林庭如

083 **開始在希臘自助旅行**
作者／林少凡

082 **開始在歐洲自助旅行**
作者／蘇瑞銘・鄭明佳

072 **開始在瑞士自助旅行**
作者／蘇瑞銘

034 **開始在荷蘭自助旅行**
作者／陳奕伸

027 **開始在義大利自助旅行**
作者／吳靜雯

026 **開始在美國自助旅行**
作者／陳婉娜

025 **開始在德國自助旅行**
作者／林呈謙、時小梅

024 **開始在英國自助旅行**
作者／李芸德

紐澳地區

309 **開始在紐西蘭自助旅行**
作者／舞菇、老包、Jeff Chen

073 **開始在澳洲自助旅行**
作者／張念萱

So Easy 專家速成書系

亞洲地區

080 **遊韓國行程規劃指南**
作者／Helena(海蓮娜)

歐美地區

308 **開始到義大利購物＆看藝術**
作者／吳靜雯

097 **開始搭海外郵輪自助旅行**
作者／胖胖長工

078 **指指點點玩美國**
作者／謝伯讓・高薏涵

077 **指指點點玩義大利**
作者／吳靜雯

074 **英國茶館小旅行**
作者／英倫老舖

071 **窮，才要去紐約學藝術**
作者／洪緹婕

069 **記住巴黎的甜滋味**
作者／林佳瑩

065 **荷蘭最美**
作者／楊若蘭

046 **開始到維也納看莫札特**
作者／王瑤琴

031 **開始遊法國喝葡萄酒**
作者／陳麗伶

個人旅行書系

有 行 動 力 的 旅 行 · 從 太 雅 出 版 社 開 始

　　太雅，個人旅行，台灣第一套成功的旅遊叢書，
媲美歐美日，有使用期限，全面換新封面的Guide -
Book。依照分區導覽，深入介紹各城市旅遊版圖、
風土民情，盡情享受脫隊的深度旅遊。

　　「你可以不需要閱讀遊記來興起旅遊的心情，但不
能沒有旅遊指南就出門旅行……」台灣的旅行者的閱
讀需求，早已經從充滿感染力的遊記，轉化為充滿行
動力的指南。太雅的旅遊書不但幫助讀者享受自己規
畫行程的樂趣，同時也能創造出獨一無二的旅遊回
憶。

113
法蘭克福
作者／賈斯云

112
華盛頓D.C.
作者／安守中

111
峇里島
作者／陳怜朱
　　　（PJ大俠）

110
阿姆斯特丹
作者／蘇瑞銘
　　　（Ricky）

109
雪梨
作者／Mei

108
洛杉磯
作者／艾米莉
　　　（Emily）

107
捷克·布拉格
作者／張雯惠

106
香港
作者／林姞妗

105
**京都·大阪·
神戶·奈良**
作者／三小a

104
首爾·濟州
作者／車建恩

103
**美國東岸重要城
市**
作者／柯筱蓉

100
吉隆坡
作者／瑪杜莎

099
**莫斯科・金環・
聖彼得堡**
作者／王姿懿

098
舊金山
作者／陳婉娜

095
**羅馬・佛羅倫斯
・威尼斯・米蘭**
作者／潘錫鳳、
陳喬文、黃雅詩

094
成都・重慶
作者／陳玉治

093
西雅圖
作者／施佳瑩、
廖彥博

092
波士頓
作者／謝伯讓、
高薏涵

091
巴黎
作者／姚筱涵

090
瑞士
作者／蘇瑞銘

088
紐約
作者／許志忠

075
英國
作者／吳靜雯

074
芝加哥
作者／林云也

047
西安
作者／陳玉治

042
大連・哈爾濱
作者／陳玉治

038
蘇州・杭州
作者／陳玉治

301
**Amazing China：
蘇杭**
作者／吳靜雯

深度旅行

119 曼谷・象島
作者／傑菲亞娃

118 巴塞隆納自助超簡單
作者／老蝦

117 靜岡喔嗨唷！
作者／Kayo

116 日本中部質感漫旅
作者／Gloria

115 義大利南部深度之旅
作者／簡婉莉(莉莉安小貴婦)

114 印尼爪哇：
雅加達・萬隆・日惹・泗水
作者／陳怜朱(PJ大俠)

113 波蘭自助超簡單
作者／蜜拉・葉士愷

112 澳門自由行：7條路線懶人包
作者／梁詠怡

111 用鐵路周遊券輕鬆玩東日本
作者／摩那卡・瓦拉比

110 沙漠國家探索之旅：
摩洛哥・埃及・約旦
作者／陳慧娟

109 羅馬、梵蒂岡深度之旅
作者／潘錫鳳

108 日本中部深度之旅
作者／阿吉

107 Slow東京
作者／蔡欣妤

106 雲南旅行家
作者／甯育華

105 日本東北深度之旅
作者／三小a

103 旅戀日本岡山
作者／李思嫻

102 紐西蘭旅行家
作者／舞菇

101 用鐵路周遊券輕鬆玩西日本
作者／摩那卡・瓦拉比

100 香港自己的味道
作者／Esther

099 義大利尋藝之旅
作者／蕭佳佳

098 德國旅行家
作者／林呈謙

097 溫哥華深度之旅
作者／海馬老爸

095 首爾旅行家
作者／Helena(海蓮娜)

093 中國7城創意新玩法
作者／賴雅婷・王微瑄

092 東京OUT：橫濱・箱根・
鎌倉・江之島
作者／三小a

090 澳門食尚旅行地圖
作者／梁詠怡

089 倫敦旅行家
作者／林庭如

088 美國中西部驚嘆之旅
作者／許正雄・陳美娜

087 西班牙深度之旅：馬德里・
巴塞隆納・瓦倫西亞
作者／宋良音

084 Check in首爾
作者／權多賢

080 Check in東京
作者／林氏璧

077 Traveller's東京聖經
作者／許志忠

076 泰北清邁享受全攻略
作者／吳靜雯

075 聖地之旅：以色列・約旦・
黎巴嫩・敘利亞
作者／邱世崇

073 島力全開！泰High全攻略
作者／小王子(邱明憲)

067 真愛義大利
作者／吳靜雯

066 野性肯亞的華麗冒險
作者／黃嘉文・吳盈光

057 Traveller's曼谷泰享受
作者／吳靜雯

046 Traveller's波士頓
作者／周蔚倫

搭地鐵系列

104 搭地鐵玩遍大邱
作者／Helena(海蓮娜)

094 搭地鐵玩遍紐約
作者／孫偉家

086 搭地鐵玩遍曼谷
作者／葉志輝

082 搭地鐵玩遍釜山
作者／Helena(海蓮娜)

079 搭地鐵玩遍首爾
作者／索尼客

070 搭地鐵玩遍倫敦
作者／李思瑩・英倫懶骨頭

069 搭地鐵玩遍新加坡
作者／但敏

062 搭地鐵玩遍香港
作者／三木

061 搭地鐵玩遍北京
作者／黃靜宜

059 搭地鐵玩遍東京
作者／孫偉家

053 搭地鐵玩遍上海
作者／葉志輝

夢起飛系列

505 紐西蘭自助旅行
作者／林伯丞

504 騎在天使安排的道路上
作者／張永威

503 用馬拉松旅行世界
作者／劉憶萱(江湖一品萱)

502 英國開車玩一圈
作者／Burger Bus英式漢堡
店小夫妻Edison & SaSa

501 走！到法國學廚藝
作者／安東尼

Day by Day系列

602 下飛機Day by Day，
愛上京・阪・神・奈
作者／飄兒

601 下飛機Day by Day，
愛上舊金山
作者／李朵拉

打工度假系列

So Easy 095
開始到日本打工度假
作者／高函郁

So Easy 093
開始到英國打工度假・留學
作者／陳銘凱

So Easy 088
開始到美國打工度假
作者／高函郁

So Easy 084
開始到加拿大打工度假
作者／陳玉琳

So Easy 038
開始到紐西蘭打工度假
作者／蔡弦峰

世界主題 096
**澳洲打工度假，
送給自己勇氣的一年**
作者／Lewis・Vivi

世界主題 091
澳洲打工度假：墨爾本・布里
斯本・雪梨三大城市邊賺邊
作者／黃奧登・艾芙莉

世界主題 081
澳洲打工度假一起Cooking!
作者／Soda・Terry

世界主題 065
澳洲打工度假聖經
作者／陳銘凱

填線上回函，送 "好禮"

感謝你購買太雅旅遊書籍！填寫線上讀者回函，
好康多多，並可收到太雅電子報、新書及講座資訊。

每單數月抽10位，送珍藏版「祝福徽章」

方法：掃QR Code，填寫線上讀者回函，
就有機會獲得珍藏版祝福徽章一份。

填修訂情報，就送精選「好書一本」

方法：填寫線上讀者回函，並提供使用本書後的修
訂情報，經查證無誤，就送太雅精選好書一本(書
單詳見回函網站)。

＊同時享有「好康1」的抽獎機會

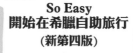

**So Easy
開始在希臘自助旅行**
(新第四版)

bit.ly/32c01Ws

＊「好康1」及「好康2」的獲獎名單，我們會
於每單數月的10日公布於太雅部落格與太
雅愛看書粉絲團。

＊活動內容請依回函網站為準。太雅出版社保
留活動修改、變更、終止之權利。

太雅部落格 http://taiya.morningstar.com.tw

有行動力的旅行，從太雅出版社開始

23 發票登錄抽大獎

首獎 澳洲Pacsafe旅遊防盜背包

太雅 週年慶

凡於2020/1/1～5/31期間購買太雅旅遊書籍(不限品項及數量)
上網登錄發票，即可參加抽獎。

首獎
澳洲Pacsafe旅遊防盜背包 (28L)

RFID晶片
防側錄口袋

專利防盜鎖扣

2名

普獎
BASEUS防摔觸控靈敏之
手機防水袋

顏色
隨機出貨

80名

掃我進入活動頁面
或網址連結 https://reurl.cc/1Q86aD
活動時間：2020/01/01～2020/05/31
發票登入截止時間：2020/05/31 23:59
中獎名單公布日：2020/6/15

活動辦法

● 於活動期間內，購買太雅旅遊書籍(不限品項及數量)　，憑該筆購買發票至太雅23周年活動網頁
，填寫個人真實資料，並將購買發票和購買明細拍照上傳，即可參加抽獎。

● 每張發票號碼限登錄乙次，並獲得1次抽獎機會。

● 參與本抽獎之發票須為正本(不得以手開式發票)，且照片中的發票須可清楚辨識購買之太雅旅遊
書，確實符合本活動設定之活動期間內，方可參加。

● 若發票存於電子載具，請務必於購買商品時，告知店家印出紙本發票及明細，以便拍照上傳。

※ 主辦單位擁有活動最終決定權，如有變更，將公布於活動網頁、太雅部落格及「太雅愛看書」粉絲專頁，恕不另行通知。